愿你慢慢长大

不急不躁培养优秀孩子的100个技巧

贝贝妈妈 ——著

江西美术出版社

全国百佳出版单位

图书在版编目（CIP）数据

愿你慢慢长大：不急不躁培养优秀孩子的 100 个技巧 /
贝贝妈妈著. -- 南昌：江西美术出版社，2020.7
　　ISBN 978-7-5480-7430-4

　　Ⅰ. ①愿… Ⅱ. ①贝… Ⅲ. ①家庭教育 Ⅳ. ① G78

中国版本图书馆 CIP 数据核字（2020）第 027154 号

出 品 人：周建森
企　　划：北京江美长风文化传播有限公司
策　　划：北京春风化雨文化有限公司
责任编辑：楚天顺　康紫苏
版式设计：小燕儿
责任印制：谭　勋

愿你慢慢长大：不急不躁培养优秀孩子的 100 个技巧
YUAN NI MANMAN ZHANGDA：BUJIBUZAO PEIYANG YOUXIU HAIZI DE
100 GE JIQIAO

作　　者：贝贝妈妈

出　　版：江西美术出版社
地　　址：江西省南昌市子安路 66 号
网　　址：www.jxfinearts.com
电子信箱：jxms163@163.com
电　　话：0791-86566274　　　010-82093808
邮　　编：330025
经　　销：全国新华书店
印　　刷：北京柯蓝博泰印刷有限公司
版　　次：2020 年 7 月第 1 版
印　　次：2020 年 7 月第 1 次印刷
开　　本：880mm×1280mm　1/32
印　　张：8
ISBN 978-7-5480-7430-4
定　　价：39.80 元

目 录

第五章 不急不躁,轻松养育好孩子

第六章 学会接纳的家庭更幸福

第七章　我陪着你长大，你陪着我变老

第一章

大吼大叫解决不了育儿难题

"不做作业，母慈子孝；一做作业，鸡飞狗跳。" "辅导孩子写作业，气到爆炸"，到底该怎么有效地管孩子？我们一起来学习本章内容，除了吼叫，我们还有更多有效的方法。

拿什么拯救你，我的小"杠精"

最近，闺蜜跟我抱怨，她儿子小土豆进入叛逆期了，总是和她"抬杠"。

长假过后，小土豆几乎每天会跟闺蜜说一遍："妈妈，我想在家玩儿，我不想上学。"

闺蜜问他："乖宝宝是不是都要去上学？"

他怼道："我就想在家玩儿，不上学又怎样！"

闺蜜说："你有很多好朋友，大家一起玩儿不好吗？"

他又杠道："我一个人挺好的，不需要朋友。"

放学后，小家伙又吵着要去超市，甚至开始动手发泄情绪。

闺蜜看着他，又回想起在路上儿子不断叨叨的话语，忍无可忍，厉声说道："小土豆，我警告你！不要挑战妈妈的耐心。放回去，一次只能拿一样！"

小家伙继续抬杠："我就要买，你别管我！"闺蜜只得自己动手，把小玩具、小零食一件件地摆上货架。

小家伙的情绪顿时来了一场大爆发，嘴里反复嘟囔着："我恨你，我讨厌你，我不想看到你……"大庭广众之下，路人频频侧目，仿佛闺蜜是小家伙的后妈。

这不是闺蜜第一次对我吐槽孩子皮、孩子能杠了。小土豆两岁时，闺蜜跟我说，孩子喜欢把东西往地上丢；孩子上幼儿园后，最喜欢"反抗"她，口头禅是"就不"；上小学后，他常把"妈妈，你说的不对"挂在嘴边……

贝贝妈妈了解到，孩子的"杠期"多表现在 2 ~ 3 岁、7 ~ 8 岁和青春期。孩子们"对着杠"的行为是因为生理和心理发育还不成熟，所以表达自我的方式往往就变成了口头上的抬杠和行为上的故意捣乱，并且完全不肯退让，如顶嘴、撒泼、反着来……

首先，让我们来了解"对着杠"的生理原因。美国著名心理学家丹尼尔·西格尔曾提出过"掌心大脑"原理，他强调当我们把大拇指向掌心收拢时，整个大拇指代表的是中脑，中脑储存了一些早期记忆，而且它的一个最大的特点是负责战与逃。在中脑的支配下，通常人们只有两种状态，要么是"战斗"，要么就是"逃跑"。而在孩子身上，"战斗"的具体表现就是顶嘴、撒泼；"逃跑"就意味着撤退、回避，具体表现便是不理人，把你说的话当耳边风。因此，无论家长说的事情多么有道理，孩子大脑的习惯性反应就是听不进道理，进而变得不讲理。

其次，孩子总是和我们对着干是有心理原因的。有时候，孩子抬杠是为了尊严。顶嘴，本质上是用语言反击。所以，孩子先感受到了攻击，他感觉到自己没被尊重时，便会开始准备"战斗"。而有时候，孩子抬杠是为了权力。孩子到了三四岁之后，自我意识开始萌芽，他们从精神上逐渐与父母分离，他们有了独立的见解与意愿，并且想秀给父母看。拿顶嘴来说，孩子顶嘴是源自无助和困惑，当父母告诉孩子"不要"做什么事情的时候，他们觉得自己的权力被剥夺了，却又无力反抗，恼怒之中不自觉地便想用顶嘴来找寻一种心理平衡。

所以，孩子不讲理，真的是他皮与不听话吗？事实上，他们的"杠"只是因为生理、心理上发育得不成熟而已。那么遇到这种情况，作为家长的我们应该怎么办呢？以下是 3 个小技巧。

1. 问清楚孩子顶嘴的原因

当孩子出现逆反、顶嘴行为的时候，家长不妨选择另外一种方式。比如问问孩子，你的想法是什么，你为什么要这么做呢？如果孩子说得有道理，就按照孩子说的去做。这是尊重孩子的意愿、培养孩子自我意识的一个过程。如果孩子说得不合理，那便可以和孩子展开一些适当的争辩和讨论，让孩子明白父母的想法，他们才能真正了解父母为什么会这么要求自己。

2. 用争辩和讨论来代替顶嘴

孩子顶嘴，家长首先会觉得是自己的权威受到了挑战。如果孩子的表达方式不合理，言辞过于激烈，家长还会觉得自己的人格和地位受到了挑战，自然会生气和愤怒。但是，因为家长自己的原因生气和愤怒，去责骂、恐吓甚至打孩子，这到底是孩子任性还是家长任性呢？一个成年人都管理不好自己的情绪，有什么资格去要求一个孩子呢？因此，我们可以民主一些，听听孩子的意见，用讨论代替争吵。

3. 尊重孩子的想法

　　家长很多时候会把自己的权威和地位看得很重要，一味地要求孩子听话，却忽视了孩子的自我意识和真正的内心需求。事实上，如果我们可以多一点儿理解和倾听，孩子出现叛逆和顶嘴的行为时能换个角度去思考，结果会大不相同。比如我们可以问自己一些问题：我们倾听孩子的想法了吗？我们给孩子表达需求和想法的机会了吗？我们有尊重孩子的意愿吗？

　　总之，只有我们放低姿态地去多理解孩子，多倾听孩子，了解孩子顶嘴背后的需求，教给孩子正确表达需求的方法，才能从根本上改掉孩子顶嘴的行为。

孩子只会发脾气？是父母不懂沟通

豆豆渐渐长大了，也开始有了自己的情绪，他会哭会闹会杠。刚开始的时候，我非常讨厌他乱发脾气，每次都是冷漠回应或者粗暴地制止他。直到有一天，我开始思考：控制不了情绪的父母，会养出什么样的孩子？

遇到不喜欢的工作，可以选择辞职；遇到不喜欢的人，可以选择少交往甚至不接触。但有种职业，从来就不允许离职。这个职业叫妈妈。带娃真的是太难了！在游乐场、商场、电影院前，我们总能看到哭闹不止的孩子；在妈妈群里，我被问到最多的一个问题是：为什么现在的孩子这么不听话？越吼反而越糟糕！

心理学上有一个词叫作"超限效应"，意思是说当一个人受到的刺激过多、过强或刺激的作用时间过久时，他的内心往往就会极不耐烦，甚至滋生逆反的情绪，这种状态下就很容易出现事与愿违的效果。这就很好地解释了为什么有些父母在教育孩子时，吼得越大声，孩子越不愿意听。

那么究竟是我们不懂得和孩子进行沟通，还是孩子不具备沟通的能力呢？研究发现，孩子的叛逆期多表现在2～3岁、7～8岁、青春期这三个阶段。因为生理和心理上的发育不成熟，所以在表达自我的方式上往往就变成了行为上不配合，并且完全不肯退让，顶嘴、撒泼、反着来……虽然孩子的生理和心理发育不是很成熟，但事实上造成亲子沟通问题的不是顽皮的孩子，而是控制不住情绪的父母。

有个朋友告诉我，临近期末，孩子的作业通常都特别多。眼看到了睡觉的点，还有几页作业没有写完。朋友催了孩子好几次，孩子还是慢悠悠的，一点儿都不急。催过几次后，朋友便忍不住大吼起来。小家伙索性摔掉了笔与作业本，委屈地大哭起来。

"不做作业，母慈子孝；一做作业，鸡飞狗跳。"做作业的悲剧每天上演，孩子累，家长也累。面对不听话的孩子时，大多数的家长都会采取四种措施。第一种是训斥："说好了九点睡，这都十一点了！作业不做了，马上上床睡觉！立刻！马上！再不睡我揍你！"第二种是安慰："别哭了，作业做不完就不做，明天妈妈亲自和老师去说。"第三种是不予理睬，即妈妈冷眼旁观，爸爸对哭声也习以为常，默默走开。第四种是好商好量："乖孩子，别哭了。妈妈理解你，你哭是有点儿委屈了，想把作业做好，对吗？我看到你还剩下一小题了，10分钟后就能完成作业进被窝儿了。咱们加把劲儿，写完了就上床讲故事，好吗？"

现在我们来分析一下这四种教育方式：第一种教育方式容易造成孩子的逆反心理；第二种教育方式较为恰当，不会引起亲子冲突；第三种方式很容易让孩子缺乏安全感；而第四种做到了理解孩子的情绪，给予孩子足够的调节时间，比较恰当。

我们爱孩子，但不懂孩子。其实，进入社会后，我们已经很少用丰富的表情来表达自己的情绪了。而且在面对天真烂漫的孩子的时候，我们也总是以成年人的眼光来觉察孩子们真实的想法。事实上，孩子的情绪背后是有着特殊的原因和行为逻辑的。所以是时候停止吼叫了。与此同时，作为家长的我们也应该采取一定的方法来和孩子沟通。那么怎么才能减少和孩子的沟通阻碍呢？下面是几个小技巧。

1. 发现不足，减少吼叫

意识到自己的耐心不够是减少吼叫的开始，也是父母能送给孩子的最好的礼物。世界上从来就不可能有完美的父母，只有"不自知"的父母。古人云："知不足而后勇。"勇于自纠自新是每一位家长都应该具备的良好品质。

2. 找到情绪爆发的原因

吼叫总是突然爆发，而并非有预谋或提前筹划。爆炸之前的瞬间，你只是碰到了导火线。可是炸药呢？它们却是早已存在。那一堆易燃易爆的炸药，其实就是你的坏脾气。冰冻三尺非一日之寒。它的形成由来已久，要废掉它也绝非一蹴而就那么简单。当忍不住又一次想要大吼大叫的时候，学会审视自己，找找情绪爆发的原因，是孩子的问题还是因为自己要发泄情绪呢？

3. 做情绪训练

从今天开始，你要控制自己的情绪，摆脱任性和急躁。请踩一下情绪的刹车，做一次深呼吸，让自己的情绪稳定下来。在吼叫发生时，听听你的声音，也许你会为自己的"河东狮吼"感到羞愧。

如果方便的话，你最好能照一照镜子，瞧瞧那一张被愤怒扭曲的面孔。你会惊讶地发现，刚才的你居然被失控的情绪"破了相"。

4. 观察并缓解孩子的压力

试想一下，当我们发脾气的时候，那么无助的一个小人儿，整个儿被吓傻了。他怯生生地站在那儿，一动不动，紧张和害怕让他的脊梁骨都绷紧了。小小的身子挺得笔直，头却是低垂的。他眨巴着眼睛，泪珠"滴答滴答"不住地往下落。有时，他还会突然咧开大嘴，闭着眼睛哇哇大哭，肩膀一耸一耸的。

这时候的孩子正承受着巨大的压力。我们应该蹲下身子，伸出胳膊抱抱他，把自己的歉疚告诉他，并对他说"妈妈爱你"。如果可以，请你用一个笔记本、电脑或者是相机，以文字或者图片的形式，把你发脾气时孩子的反应和表现记录下来。有时间的话，请经常翻看那些记录，你需要提醒自己，不要再让自己的孩子变成一个瑟瑟发抖、在角落里蜷缩的孩子了。

比打孩子更可怕的，是父母不好好说话

"你不嫌丢人我还嫌丢人！"

"就没见过你这样笨的孩子！"

"你看看别人家的孩子！"

这几句话有没有很耳熟？你成长的过程中没少听过吧？在游乐场，在学校、电影院门口，我总能看到有妈妈大声训斥孩子。

我们一直都以为打孩子才会伤害孩子，却不知道语言上的伤害同样会在孩子身上留下深刻的烙印。要命的是，这种言语上的伤害大量地存在于我们的日常教养中，且日久经年重复地发生着。

不断地批评、辱骂、轻视和不合理的期待等等，都会像身体伤害和性伤害一样，给人带去创伤和羞耻感。这种情感上的无形伤害，甚至远比其他形式的伤害更为持久、深远。

豆皮儿的爸爸有点大男子主义，在教育孩子的问题上我们经常发生争论。比如每当逛商场，豆皮闹着买玩具的时候，爸爸就说："就知道买玩具，你都多少玩具了，家里又不是开银行的"；每次豆皮儿因为顽皮做错事，爸爸就教训豆皮儿："你给我立马改了，就不该惯你这坏毛病"；每当豆皮儿和我们发生冲突的时候，爸爸就说："现在学会顶嘴了，看我不收拾你"等等。

有一次，豆皮儿在学校和同学打架，爸爸被老师叫到了学校。爸爸很生气，没弄清楚原因就把豆皮儿训了一顿："看看你，一天到晚不好好学习就算了，好的不学，和别人打架一学就会……"看着豆皮儿爸爸训斥孩子，老师急忙劝阻。然后耐心地和豆皮儿爸爸解释了经常这样和孩子说话，会让孩子变得自卑，渐渐否定自己。豆皮儿爸爸不听我的，但老师的话还是很管用。

在以后的日子里，豆皮儿爸爸说话的方式明显转变了很多，比如豆皮有赖床的习惯，换在以前，豆皮儿爸爸都会教训孩子，孩子愁眉苦脸地起床。而现在，豆皮爸爸会说："谁家的小懒猪还不起床，迟到了会被同学们笑话哦"。爱面子的豆皮儿当然不会让这样的事发生，也就开开心心起床了。

在孩子幼小的心灵里，父母就是整个世界的中心。所以，在他们的心里，一直都有这样的一个认知：如果你无所不知的父母认定你是个坏孩子，那你就一定是。如果母亲常说"你真蠢"，那你就是蠢的。如果你父亲说"你没用"，那你就一定没用。经常跟孩子这样说，会让孩子产生"低人一等"的感觉，进而影响孩子的判断力。一旦这种糟糕的评价多了，他们会认为自己真的很差，笨、难看、脏、堕落……他们不仅陷入这样的痛苦中无法自拔，还会责怪自己不够好。

侮辱性的指责不仅会向孩子传递一种非常糟糕的自我评价信息，而且会对他们的成长产生巨大的负面影响。这些孩子在成长的过程中经常会陷入到以下两种困扰当中：要么为了赢得父母的爱和赞许而不断地苛责自己；要么极力反抗，与父母对着干。而长期和父母对着干自然得不到赞赏。试想一下，一个从小得不到赞赏的孩子怎会变得自信呢？而且童年时期受过言语虐待的成年人，大约30%会转而羞辱自己的孩子。弗洛伊德称之为"强迫性重复"。然而可悲之处在于，这种重复毫无意义，它只会加重伤害。事实上，很多人都或多或少遭遇过这样的伤害。哪怕过去了很多年，哪怕早已远离父母身边，这种伤害仍然会如影随形。

除此之外，苛刻甚至羞辱性的言语还会对孩子造成其他伤害。

比如会增加孩子的被羞辱感，特别是在他人（尤其是同龄人）面前被责骂，这种羞辱感会更加强烈。比如增加孩子的不安全感，即孩子想要阻止责骂所带来的伤害，却发现自己无能为力，这让他们感到挫败、无助和不安。再比如会让孩子变得愤怒，进而对父母进行反抗。

那么在和孩子沟通的时候，应该注意哪些方面呢？以下是 3 个小技巧。

1. 不要把孩子当成自己的出气筒

其实当我们这样和孩子说话的时候，我们自己的内心也是不好受的。很多家长会为自己辩解，说是一切是为了孩子。其实很多时候，家长的凌辱性言辞是出自于自己的心结，或者只是自己处境糟糕，所以忍不住拿孩子撒火，孩子无辜被牵连，成为了家长的出气筒。比如家长心情不好的时候正赶上孩子做了错事，这时家长就会说："你真是累赘！""我真后悔生了你！""你跟你爸 / 妈一个样儿！""你整天就只会……看看别人家的孩子怎么那么让人省心！"

2. 不要用威胁的方式和孩子说话

孩子不听话的时候，很多父母就会说："你再……我就不要你了""你如果不……我就不……"。这样的句式真的不要再用了。当你以威胁的方式去跟孩子说话时，孩子会当真的。他们会出于担心立马变乖，父母也便觉得此法甚好，一用再用。殊不知这是在以耗损孩子的安全感为代价的。

3. 管理好自己的情绪再开口

不管怎样，我们都不要做情绪化的父母，当孩子做错事时首先要处理好自己的情绪再开口。哪怕忍不住说了气话，也请转过弯后尽早向孩子道歉，告诉孩子，"我刚才那么说，不是针对你……，而是我自己……"俗话说："天下没有不爱孩子的父母"，但也不要让我们的爱成为刺向孩子心口的那把利刃。因为那些说过的刻薄话即使不会毁掉孩子的一生，也会在孩子身上留下伤口。

3 个步骤快速降低自己的"火气值"：

心理学家斯特劳斯和菲尔德研究表明，很大比例的父母承认会朝年幼的孩子吼叫，会在心理上攻击孩子。导致父母情绪爆发的原因有很多，比如疲劳压力、人际关系的不和谐以及孩子不听话和淘气导致的烦躁等。但是不管是何种原因，我们必须承认这样向孩子吼叫是不对的，因为经常性地朝孩子吼叫，不仅会把当下的亲子关系弄得紧张，更会对孩子的成长过程造成影响，尤其是青春期。

《当怒火伤害你的孩子》一书中提到，家庭中累积的愤怒会对孩子的每个重要时期都有影响。比如经常对孩子大吼大叫可能会让孩子的情绪变得很不稳定，甚至会让孩子变得越来越叛逆。如果我们想处理好吼叫的问题，就要善于观察我们处于愤怒状态下的行为模式，然后去改变它。

这里我们要分 3 个步骤去完成这项工作。

1. 记录对孩子吼叫时的状态

首先，我们要搞清楚自己到底为什么吼叫。这里就要用到一个方法，我们把它叫作"追踪你的吼叫"，它分为 5 个步骤：

第 1 个步骤是记录事件，上面要写触发事件的日期、时间和地点；

第 2 个步骤是你的反应，你身体的反应，你的情绪，你的想法；

第 3 个步骤是你的回应，你做了什么，你的孩子对你的吼叫的回应；

第 4 步是后续情况，在吼叫之后你的感觉如何，你的孩子感觉如何；

第 5 步是评估，试着问下自己：我还有其他的处理方式吗？

2. 尝试降低自己的"火气值"

我们要用正面减压疗法降低自己的"火气值"。这是乔·卡巴金博士于 1990 年在马萨诸塞州立大学医疗中心率先提出的一种帮助人们观察情绪状态的方法。不过当时正面减压疗法的概念和练习方法还只用于慢性病患者的治疗。患者依靠这个疗法去感知他们的身体状态、情绪状态，从而改变自己对待身体疼痛的态度，进而增强自己的耐心，学会如何善待自己。而把正面减压疗法运用到管理情绪上，我们要做到时刻观察自己的状态，尤其是对孩子发脾气的时候。比如，当我们想要发脾气时，我们的呼吸会变得急促，根据这个信号，我们就能及时调整自己的状态，降低自己的"火气值"。

3. 利用"ABCD 法则"

如果上述方法不能帮助我们降低自己的"火气值"，那么试试"ABCD 法则"。

A 是自问，即问问现在自己的感觉如何，问问自己是否能很好地接纳自己的感受，并改变自己的情绪状态。

B 是呼吸，即在问自己这些问题时开始觉察自己的呼吸，从腹部开始有意识地做 3～5 次缓慢轻松的呼吸，可以在呼气和吸气的时候数 4 个数儿，感觉自己的身体，想象每个细胞都充满了氧气。

C 代表着平静自我，即用积极现实的想法代替自己身体的想法，从而让自己的心情平静下来。这样做的目的是为和孩子沟通创造一个好的氛围。

D 是同理心，即将自己置身于孩子的处境，尝试感受他的情绪和想法，倾听他想诉说什么，告诉孩子你能理解他的处境和感受。

不吼叫不等于做孩子的"直升机"

生活里，常常会看到一种男人，年纪很大，但是行为非常幼稚，总是过度依赖妈妈。这种男人被称为"妈宝"。妈宝的养成，其实和孩子幼儿时期的教育有关。虽然我们提倡不吼不叫地去解决亲子问题，但是这也并不意味着我们要处处让着孩子，呵护着孩子，做孩子的"直升机"。

妈妈们的逻辑是："我自己的一生都是为了你，你怎么能不听我的？你这辈子该怎么活，应该由我来决定。"但孩子大多数心里纠结，一方面对妈妈的有些观点和态度不赞成，另一方面也摆脱不了妈妈的控制。其实"妈宝"问题的深层次原因是"过度教养"，过度教养是说父母对孩子的要求太高，过度卷入孩子的生活，插手他们的人生。与过度教养相对的是健康教养，一个家庭教养方式是否健康只需看两个指标：回应与要求。回应是父母对孩子需求的接受，要求是父母对孩子成熟、独立的要求和控制。过度教养的父母，在回应与要求的天平上往往失衡：过高的回应会把孩子当成自己生活的全部，一旦孩子不在身边，父母们就像被抽离了灵魂般不知所措。这类型父母也被称作"直升机父母"。

心理学家认为在孩子 6 个月前，孩子和母亲的关系极为亲密，称为"共生"，应在这个阶段建立亲密关系；3 岁后，处于"俄狄浦斯阶段"，孩子与妈妈应彼此独立，不相互依附。为了避免妈宝男的出现，作为家长的我们首先要对这个问题有清晰的认识，并且从孩子小时候做起，做到既不大吼大叫，又不溺爱。

让孩子感觉好，孩子才能做得好。

下面这些话有没有很耳熟？你或许记不起最近什么时候说起过，却不经意间成为了你的口头禅：

"为什么打架？你惹他了还是他惹你了？"

"为什么考这么差？是不是没有认真学习？"

"一天到晚就知道玩儿！"

......

如果孩子经常被大人吼叫，其性格很可能会被影响。然而很多家长不以为然，觉得只有这样才能真的管住孩子。那么事实真的是这样吗？来看下面的例子。

我隔壁邻居，橙子的妈妈是初中语文老师，看上去特别严肃，橙子的爸爸是工程师，长期在外地勘察。因为橙子爸不在家，加上 3 岁的橙子很调皮，于是橙子妈就扮演起了孩子爸的角色。

所以晚上的时候，橙子家不是过于安静，就是橙子妈的吼叫声和橙子的哭声此起彼伏。

"棍棒底下出孝子"的时代已经过去，但橙子妈还是觉得孩子天性顽劣，就应该严加管教，否则会酿成大错。

日子久了，每次豆皮儿下去玩时，都看到橙子在一旁自己玩耍，不敢靠近任何人。大人、小孩儿都觉得她很孤僻。而橙子妈却觉得没什么，认为只是孩子性格内向罢了。

其实在这个案例里，橙子内向沉默的性格不是天生的，而是被妈妈吼叫出来的。由此可见，经常对年幼的孩子吼叫，会对孩子的性格造成影响。

在我们上一代的教育中，长辈们常常是一言不合就开打，"不打不成器"是他们所奉行的金玉良言。很多家长认为严厉和惩罚有效，且效果立竿见影。

从某种程度上，用成人的绝对权威压制孩子的不良行为确实能立即制止不良行为，但是人们往往忽略了它的代价和长期效果。事实上，虽然年幼的孩子通常不会意识到自己在遭受惩罚时内心所做出的决定，然而，他们做出的行为就是基于这些潜意识的。所以经常对孩子吼叫会造成以下几种结果：

（1）愤恨（Resentment）——"这不公平！我不能相信大人！"

（2）报复（Revenge）——"这回他们赢了，但我会扳回来的！"

（3）反叛（Rebellion）——"我偏要对着干，以证明我不是必须要按他们的要求去做。"

（4）退缩（Retreat）——"我不行，我做不到！"

（5）偷偷摸摸（Furtiveness）——"我下次绝不让他抓到！"

（6）自卑（Inferiority）——"我是个坏孩子。"

无论出现上述哪一种情形，都不会是家长想要的结果。心理学家贝克曾说过："对子女督促过严的父母，也许可以逼使孩子养成良好的习惯，却也会使子女有不安、依赖、胆怯、敢怒不敢言、不爱做劳心工作，以及不喜欢参加有创造性的活动等缺点。比较起来，这种教养方法是得不偿失的。"

父母过分严厉专制，教出来的孩子通常会形成两种性格：一是胆小懦弱，过分顺从依赖，没有主见，唯唯诺诺；另一种则是非常顽劣，离经叛道，容易走入误区。

正面管教的专家简·尼尔森说过这样一句话，被广大家长所熟知：我们究竟从哪里得到这样一个荒诞的观念，认定若要让孩子做得更好，就得先让他感觉更糟？

家长们当然知道，家里的"小祖宗"只有心情好，感觉好时才会乖乖听话，但当他们面对孩子的不良行为时，又会不自觉地滑入吼叫、惩罚的旧习中来。然而惩罚只是一时有效，唯有尊重才能让孩子心甘情愿地去做。

爱孩子的最高境界是如他所愿，而非如你所愿；做父母的最高境界是共同成长，而非为你所控。

我们行为背后的感觉和态度，决定了我们会怎么做。如果我们单单关注孩子的行为，无视孩子的感觉，那么，显然我们无法进入到孩子的内心世界中，无法与其产生共鸣，也无法成为孩子无话不谈的好朋友。

孩子感觉好，才能做得好；孩子感觉不好，就肯定做不好。要让孩子感觉好，我们首先得进入孩子的感觉世界中，摸到孩子的感觉，找到他们冰山下的归属感与价值感。当孩子的感觉被摸到，他觉得自己被理解，被接纳，心就软了，才愿意反思自己，愿意合作。

对孩子而言，孩子看到的现象是这样的：平时温柔的爸爸妈妈，忽然变得凶神恶煞，满脸写着失望和愤怒。

孩子的感受是这样的：我是不是个坏孩子？爸爸妈妈会不会是不喜欢我了？

孩子的逻辑可能是这样的：如果我听他们的话，如果我讨好他们，那么我就是个好孩子了吧！

那么怎么才能让孩子感觉好呢？

1. 挖掘孩子行为背后的原因

海面之上的任何一座小小的冰山，在海面之下，都一定有一个巨大的冰体。同样地，对于一个人来说，行为只不过是人表现出来的一小部分，在行为的背后，有感觉、有信念，有对价值感和归属感的需求。我们常常关注孩子的行为，并且试图改变孩子的行为，但事实上，每个行为背后都是有因可循的。只有找到孩子行为背后的原因，我们才能知道该怎么与孩子沟通。

2. 用管教代替惩罚

有些家长会问，管教不就是惩罚吗？其实"管教"与"惩罚"从来就不是一回事。"管教"来自于拉丁文，意思是"真理和原则的追随者"，或"受尊重的领导人"，管教的动力必须来自内在的自我控制，管教需要学会自律，而不是依靠惩罚进行的外在的控制。那么如何判断我们的教育方式是管教还是惩罚呢？我们来对照有效管教的 4 个标准：

（1）是否对孩子尊重、鼓励，坚持和善与坚定并行？

（2）是否建立了心灵纽带，帮助孩子感受到归属感和价值感？

（3）是否长期有效？

（4）是否能教给孩子有价值的社会技能和生活技能，培养孩子的良好品格？

无疑，惩罚不满足以上任何一条标准。有效管教是让孩子学到东西，而不是因为害怕惩罚而不敢试错。

因此，想要有效管教，父母得从内心接受，犯错误不仅是教育孩子的好时机，也是我们学习管教孩子的好机会。孩子的绝大部分错误，是因为我们没有花时间训练、鼓励他们，当我们把犯错看成是一个我们管教孩子的学习机会，而不是什么坏事时，我们就有足够的耐心去教导他们。

3. 沟通时多用"我""你"

以下这些常用语有助于增进你和孩子的关系：

"等一下就轮到你啦！"

"我知道你能换一种尊重人的说法。"

"我很在乎你，会等到我们能相互尊重时再继续谈；我知道你能想出一个好办法。"

"我们待会儿再说这件事，现在应该上车了。"

这些句式中，你会发现多用了"我"与"你"，且态度是坚定的，行为是和善的。确认接纳孩子的感受、表示理解、转移、提供选择并坚持执行，这都是和孩子有效沟通的方法。

家有"二宝"，如何平衡孩子们的心理需求？

古往今来，老大地位稳定，家庭就稳定。老大地位不稳，必有一场家庭内乱。遍览中外历史，帝王之家，凡是废太子，另立储君，必定会宫廷内乱。

我见过许多的妈妈在即将拥有二胎宝宝时，都曾说过：

"我一定会对大宝好的。"

"我一定会做个公平的妈妈。"

"我家大宝很希望有个妹妹呢，一定没事。"

而事实上，如果两个孩子相差的年龄不超过 8 ~ 10 岁，那么在他们幼年时，彼此间的争宠夺爱是在所难免的。他们为了得到爸爸妈妈更多的爱，会用许多的办法来证明自己更好，会努力证明自己更值得爸爸妈妈爱。

但一碗水其实没那么容易端平的。一个得宠，一个失势，养育两个孩子，要获得理想中的平衡，那么有没有什么办法可以让家里的两个孩子和平相处呢？正面管教中有一条重要的核心理念：所有孩子的首要心理需求是寻求归属感和价值感。当孩子们通过被赋予的家庭责任得到价值感和归属感时，他们就不会再通过其他不当方式去寻求这种重要的感觉。

父母的爱和精力有限，怎样分给两个孩子才叫公平？这一点，动画片给了我们很好的启发。看了看《小猪佩奇》，原来，正面管教中的多子女养育问题也在佩奇家存在，佩奇妈妈头脑中装备了很多关于多子女养育的智慧。

在佩奇家里，猪爸爸猪妈妈会赋予佩奇很多的责任感，让它感受到自己作为家庭成员的重要性。一天，佩奇和苏西玩，冷落了乔治，猪妈妈知道后把乔治叫来"帮忙"，这个行为成功化解了家庭危机。

由此可见，任何时候赋予孩子归属感和价值感，会使他们感受到家庭的温暖。

我们每个人以自己的出生顺序来看，都有自己在平辈人中的排行：老大、老小或中间子，当然也有独生子。不同出生顺序的孩子有其明显而独特的性格特征。对出生顺序影响的了解，能增进你对孩子特定观念的理解，是走进孩子内心的一个途径。

最先出生的老大，很可能认为自己是第一个出生的孩子，必须成为第一或最好的，才能显得自己重要。责任、领导者、专横、完美主义、挑剔、有条理、好胜、独立、保守等词汇，是人们对老大固有的印象。

而第二个出生的孩子，常常善于利用自己的魅力来激励别人为他们做事，本身富有创造性、爱玩儿。当别人不照顾他时，他就会认为不公平，被伤害。也有些孩子认为自己必须赶上并超越所有前面的人，以证明自己的存在和价值。对老大来说，老二就是来抢夺父母的爱的。而老二不一样，他们一出生就有了哥哥或姐姐，对分享父母的爱有着很高的接受度。

因此，面对两个孩子，尤其是在老二出生后的头几年，我们应该更加关注老大的感受，也要让老大参与到教养二胎的事情中。

很多二胎的妈妈认为生了二胎，能平等地对待两个孩子，这其实是个误区：现实中，父母无法做到完全平等。在老二刚出生时，父母尤其是妈妈的精力会被老二分去大半，无法平衡照顾两个孩子的时间；当两个孩子出现争执时，父母也很难做到绝对的公平。

两个孩子对分享父母的爱，有不同的敏感度和评判标准。个体心理学创始人阿德勒有一个著名的家庭排位理论：每个老大都会经历一段集全家宠爱于一身的时光，直到老二出生。

那么有两个孩子的家长应该怎么管教孩子呢？下面是二胎教育应该遵循的原则。

1. 引导法则

妈妈们要引导和激发老大的责任心和爱心。责任心和爱心怎么来的？只有参与其中，才会有责任心和爱心。比如从怀孕开始，就让老大帮助妈妈，以便照顾肚子里的老二。比如对孩子说："妈妈需要你的帮助，弟（妹）需要你的照顾，你在这个家里非常重要。"这样的话语可以让孩子期望着弟（妹）的到来。而如果孩子已经出生了，可以让老大一起帮弟（妹）选购衣服、玩具（当然要先有老大的），帮洗尿布、换尿布、冲奶、推小车，讲故事，一起玩儿，等等。

2. 尊重平等

尊重就是体谅对方的感受。无论是什么冲突、矛盾，首先引导孩子："假如你是对方，别人这么对你，你是什么感受？"通过换位思考来引导孩子产生同理心，从而化解两个孩子之间的小摩擦。

3.平等，不是平均

比如老大老二吃西瓜，老大吃一半，老二吃一半，这叫平均。但显然对老大不公平。正常应该是老大 2/3，老二 1/3。

这就要家长主持公道：和老二说明老大吃 2/3 的理由——哥哥（姐姐）比你年纪大一些，胃口也比你大，所以多分一些给他（她），不然不够吃，如果给你和哥哥（姐姐）一样多的话，你也吃不下，会浪费的；但同时也要和老大说明老二吃 1/3 的理由——弟弟（妹妹）比你小，胃口也比你小，所以给他（她）小部分西瓜就够吃了，虽然你的西瓜比弟弟（妹妹）多但也不能浪费。

不要让孩子成为自己的出气筒

昨天大嫂儿到家中做客，聊起教育孩子的话题时，大嫂儿连连叹气。

"看看，你家豆皮儿多听话、多懂事呀！真让人羡慕。"

"哎呀，你就别恭维我啦。球球一样听话、懂事呀，每次看见我都主动问好呢。"

大嫂儿摇摇头，叹气说："你不知道，球球现在跟我一点儿都不亲。"接着，大嫂儿就说起了和儿子之间的种种矛盾。

我开始以为大嫂儿只是跟我发发牢骚，可慢慢地，我发现事情并不简单。当大嫂儿说自己动手打了球球时，我不由惊呼一声，忙问她原因。大嫚儿神色略显尴尬，解释说，那天她在公司受了气，回到家里，看到球球把客厅弄得乱七八糟的，一时头脑发热才打了球球。

心理学家将大嫚儿的这种行为称为"踢猫效应"——人的坏情绪会随着社会关系链接依次传递，由上级传递到下级，由强者传递到弱者。显然，在家庭中没有权力的球球，就成了大人坏情绪的牺牲品。

我告诉大嫚儿，球球跟她不亲近，很可能是因为她经常将负面情绪发泄到球球身上，迫使球球通过疏远她的方式，来传达自己的不满。

"踢猫效应"源自一则有趣的故事：一位父亲被上司训斥了一顿，他怒气冲冲地回到办公室，对没有及时整理好文件的秘书大发脾气。秘书心里十分窝火，回到家又找了一堆鸡毛蒜皮的理由，把妻子数落了一顿。妻子心里委屈，正好看到儿子在客厅乱跑乱跳，上去就给了儿子一个耳光。孩子莫名其妙挨了一个耳光，心情糟糕透了，一脚把身边打呼噜的猫踢了个跟头。

虽然现实生活中的"踢猫效应"并没有故事那么夸张，但我们绝不能把它当成付之笑谈的小事儿，它的危害远比我们想象的大。

心理学家兰斯·兰登曾遇到过这样一件事：

那天，他正在一家餐厅用餐，听到邻桌的客人对服务员大喊道："服务员！你们怎么回事啊，给我端来的牛奶、柠檬是变质的！"

服务员连忙说："对不起，先生。我马上给您换！"

过了一会儿，服务员端来新鲜的牛奶和柠檬，并轻声对顾客说："先生，如果您想喝牛奶的话，就不要在里面加柠檬，因为柠檬酸会使牛奶结块。"

客人听后脸颊一红，小声地说了声"谢谢"，语气也没有那么愤怒了。

兰登对服务员的做法很疑惑，等那位客人离开后，他问服务员为什么不直接告诉他原因，服务员笑着说："因为他当时很生气，如果我直接告诉他，他只会冲我发更大的脾气，到时候我又该向谁发火呢？"

生活中，我们每个人都是情绪传递链上的一环，如果不能控制负面情绪，只会将它传递给更多的人。那么，我们怎么做才能控制负面情绪呢？

1. 借助外力控制情绪

愤怒，是人类正常的情绪之一，我们不能阻隔它，但却可以控制它。

愤怒往往会使人做出不理智的判断，例如上文提到的大嫂儿，她当然知道打孩子是不对的，但当她被愤怒包围的时候，很容易忘记这一点。因此，我们可以借助外部的力量控制负面情绪。例如，朋友艾米和丈夫在亲子教育中的做法。每当丈夫有发火的苗头时，艾米就会平静地问他："老公，你怎么了？"以此来提醒他控制好情绪。

掌控情绪并非易事，靠自己的力量往往是不够的，所以我们不妨和家人沟通好，当对方察觉到我们的负面情绪时，可以提醒我们或者制止我们的行动。

2. 把危害可视化

我们都知道"踢猫效应"的危害，为什么还会成为"踢猫"的那个人？很简单，因为在人们的潜意识中，这种危害离我们的生活很遥远，不足以让我们高度重视它的存在。以大嫂儿的故事为例：儿子疏远她，就是一种可视化"危害"，如果不加以纠正，这种疏远只会日益加重，从而影响和谐的亲子关系。

第 二 章

尊重和理解是管教孩子的金钥匙

你知道吗？孩子也是有"权力"欲望的。每当我们用各种要求约束孩子或是批评孩子时，他们会感觉自己的权力受到了侵犯。所以在家庭教育中，只有孩子被尊重和理解了，他们才会听我们的。

在这章学习里，你能更懂你的孩子，去了解孩子行为背后的逻辑。还有一些实用的小技巧，如"逻辑后果与自然后果""启发式提问""我你句式"，等等，帮助你减少孩子的抵抗心理，让孩子获得尊重。

用自然后果和逻辑后果管教孩子

在一次班会上，老师让大家头脑风暴，讨论对两名因为没听到铃声而迟到的同学的处置。下面是孩子们列出来的清单。

第一份清单是这样的：

（1）让他们把名字写在黑板上。

（2）让他俩放学后留下，时长等于迟到时间。

（3）从课间休息中扣除相应时间。

（4）取消他俩明天的课间休息。

（5）向他们吼叫。

然后，老师让大家站在这两位同学的角度，对有助于同学准时到教室的解决方案做一次头脑风暴。

第二份清单是这样的：

（1）大家一起喊："打铃啦！"

（2）迟到的同学可以在靠近电铃的地方玩儿。

（3）迟到的同学注意别人什么时候回教室。

（4）把电铃调得更响一些。

（5）迟到的同学选一个好朋友，让好朋友提醒他准时回教室。

（6）打铃的时候，大家拍他们肩膀以示提醒。

两个清单之间的差别是非常大的。前一个看上去像惩罚，它关注的是迟到这件事的结果，以及让两个孩子付出的代价。而后一个更像解决问题的方案，它关注的是在大家的帮助下，两个孩子改掉迟到的毛病。

其实在管教孩子的过程中，我们也会遇到类似的问题。当孩子犯了错时，我们习惯于用惩罚来管教孩子，而不是用一种积极的方式管教。正面管教关注的是教给孩子做什么，孩子是整个过程的积极的参与者，而不是被动的接受者。

那么当孩子犯错后运用什么方式管教呢？下面是两个小技巧。

1. 听孩子的——运用自然后果

自然后果，即自然而然发生的任何事情（其中没有大人的干预）。比如站在雨中，就会淋湿；不吃东西，就会饿；没有保暖，就会感冒。

有时候自然后果会有效，比如孩子摔跤了，感到疼痛，下一次他就会更加小心。再比如孩子穿少了觉得冷，就会去穿更多的衣服来保暖。

2. 听我们的——运用逻辑后果

如果我们仅仅靠自然本性而不介入孩子的成长，孩子会走很多弯路，甚至有时会处于危险之中。比如很多小孩子不喜欢洗头，在自然本性的驱使下，孩子觉得两三天不洗没有关系，但日子久了就会变成邋遢大王。再比如，小孩子都有着强烈的好奇心，喜欢玩火，但是如果我们不去监护，任由孩子玩，孩子很可能会受到伤害。由此可见，很多时候，我们仅仅靠自然后果是不能够帮助孩子健康成长的，这时候逻辑后果就该发挥作用了。

逻辑后果不同于自然后果，而是要求家长介入，并且需要家长帮助孩子从后果中吸取经验和教训，从而获得成长。

使用哪种逻辑后果，取决于它是否能给孩子提供有益的学习经验，从而鼓励孩子选择负责任的合作。逻辑后果只有在运用得当的情况下，才能让孩子从中学到有益的东西，它不能伪装成"惩罚"。

在运用逻辑后果时要注意以下问题：

（1）区分逻辑后果和惩罚

有时候逻辑后果容易和惩罚混淆，区分这两者可以看"相关""尊重""合理""预先告知"这四个关键词。其中"相关"是指后果必须与行为相关；"尊重"是指后果一定不能包括责难、羞辱与痛苦；"合理"指的是无论站在孩子的角度还是大人的角度都是合理的；"预先告知"是让孩子预先知道，他选择了某种行为，将会有什么样的结果出现。对于逻辑后果来说，这四个关键词缺一不可。

（2）接受孩子的不好

首先成人一定要明白，我们的孩子不是坏孩子，但是要接受的是，他们有了某些不好的行为。我们成人不要给孩子贴标签，而是需要想办法帮助他们改变这些行为，因为我们是他们的守护者。守护者不仅要会爱，还要会指引他们，让他们知道他们哪些行为是错的，是需要改变的。

（3）理解孩子的攻击性行为

我们也要意识到，很多孩子的攻击性行为，并不一定是带着坏的目的。孩子的"攻击性"行为，往往也是孩子"无助"的表现。孩子在认知世界的过程中，往往采用最简单直接的方式来解决问题，根本不会意识到行为的后果，对于一些小孩子来讲，他们甚至没有意识到伤害别人这件事情。

比如，孩子看到面前有东西挡住了他们的路，有的孩子第一反应是绕开路；有的孩子的直接反应就是把东西拨开，如果是一个比他矮小的小朋友，他很有可能就直接把这个"遮挡物"推开。

（4）积极参与孩子的成长过程

出现问题的时候，是我们了解孩子的认知，帮助孩子成长的机会。我们理解孩子的情绪，帮助孩子疏导情绪，平静地与孩子沟通，教孩子学习正确的处理方式，是帮助孩子理解社交规则、行为规则的过程。

父母怎么问，孩子才愿意答？

传统的教育方法通常是告诉孩子"不要……""不能……""你应该……"，即将问题的答案直接交给孩子，而没有引导孩子自己去思考解决问题的方法。

我们来体验一下下面这两段话的区别：

"去刷牙。别忘了带你的上衣。去睡觉。去做作业。"

"你想想怎样才能保持牙齿的清洁？想想穿什么衣服不会感到冷？看看你的日常惯例表，下一件事应该做什么？你计划什么时候完成作业？"

就我而言，命令型语句让我感到很不愉快、无奈，没有尊重感，反感、讨厌，不太想去做，也不会思考。而提问型语句则让我感觉到了尊重，有价值感，会去想问题，想动动脑筋，然后去做。

启发式提问是让孩子参与到问题的解决过程中，并且营造一种互相尊重、主动承担责任、充满自信的氛围，以及培养孩子主动思考以解决问题的能力。

简·尼尔森的女儿有一次告诉她，她打算在一次聚会时一醉方休。简压制了想要说教的本能，说："我们来聊聊，你那样做的原因是什么？"

女儿说："很多孩子都那么做，而且看上去他们喝醉了都很开心。"

简问道："你现在不喝酒，你的朋友们是怎么说你的？"

女儿想了想，说："他们总是说多么钦佩我，多么为我骄傲。"

"你认为你喝醉了酒，他们会怎么想或怎么说？"

女儿在思考之后说："我敢肯定他们会感到失望。"

"那你觉得你会怎么想你自己呢？"

女儿停顿了一下，说道："我大概会觉得自己是个失败者。"随即又加上一句，"我想我不会那样做的。"

如果简·尼尔森不是运用启发式问题，以及帮助女儿探讨她自己的选择所造成的后果，就强加一个惩罚性的后果给她，结局会怎样？这很可能会促使她偷偷摸摸地去喝醉，而不是相信她可以和家长讨论问题。最大的损失将会是她没有机会去探讨她自己的选择带来的后果，去发现她真正想要的是什么样的生活。

儿童发展心理学认为，孩子的逻辑思维在3岁以后开始萌芽。在这个阶段，他们对于自己的所见所闻有了更多的思考和求知的欲望，不再满足于仅仅知道"这是什么"，也希望知道"为什么会是这样""是什么原因造成了这样的现象""是不是一直会这样"。

比如，当一个3岁的孩子了解到，如果不拉住绳子，充满氢气的气球就会飞到空中，他就会想知道是不是所有的气球都会这样。5岁的孩子会好奇：傍晚的这场雨，跟上午的阴天有没有关系呢？

为什么孩子比较容易接受启发式提问呢？从心理学角度来讲，启发式提问让人放松，它会告诉大脑去寻找答案。比如"你觉得……为什么……""你认为怎么样才能……""除了……，还有……吗""如果……会发生什么事呢"等都是启发式提问的经典句式。这样的句式给孩子传递了这样的信息——你的想法是值得倾听的，你的解决办法是值得探讨的，你的独立思考是被期待的。从孩子的角度来说，启发式提问能够让他们感受到被信任和被尊重，感到自己作为独立个体被平等对待。

启发式提问能帮助孩子发展逻辑思维能力，思考不在眼前的事物，用过去的经验预见行为的结果，解决现在面临的问题。

比如：如果明天下雨，还有什么其他地方可以开开心心地玩上一上午呢？如果刚才你打了他，会发生什么情况？

启发式提问还能促使孩子注意到生活中细微之处的差异，去思考事物之间可能存在的联系。比如：如果妈妈从外面回来，衣服是湿的，可能是什么原因造成的呢？除了乐高，还有什么玩具可以拼出一架飞机呢？

既然启发式提问有这么多好处，我们该怎样进行启发式提问呢？以下是 5 个小技巧。

1. 把 "不" 换为 "正面语言"

教孩子 "轻轻拿"，可以演示但不是说 "别打碎了"；"你可以玩玩具"，而不是 "不要碰"；提醒孩子去外面玩球，可以说 "你该在哪儿玩球？"

2. 用启发式提问代替命令

传统家长善于告诉孩子所有的事情：发生了什么，这件事发生的原因，你应该有什么样的感受，你应该做什么。

而启发式的提问方式是这样的：刚才发生的事情，你有什么感想？你认为是什么原因导致了那件事的发生？你从这件事中学到了什么？你有什么好方法解决这个问题呢？

当父母采用启发式提问的时候，也代表了他们出于好奇和关心，发自内心地想要知道孩子的想法和感受，鼓励孩子学会独立思考解决问题的方法。

3. 尽量少用"为什么"

当孩子对我们的观点真正感兴趣时，"为什么"才能起到作用。而在进行启发式提问时尽量少用"为什么"，因为"为什么"听起来像是在指责，并且会招致孩子的戒备。

4. 不要预设答案

如果你对孩子应该如何回答这些问题预设了答案，你就无法走进孩子的内心世界。这正是这些问题被称为"启发式"问题的原因。

5. 情绪烦躁时避免提问

如果你和孩子中有任何一个人心绪烦躁，则不能提问，要等到你们两个都平静下来。你问的启发式问题要发自你的内心，而且要让你的智慧指导你走进孩子的内心世界，并且要表达出你的同情和接纳。

正确鼓励，不是把"你真棒"挂在嘴边

鼓励在词典里的定义是鼓起对方的勇气，有着激励与促进的作用，它以一种"尊重的""欣赏的"态度，指向的是"干得好"，长期效果是教会孩子"自信"与"自立"。

孩子们需要鼓励，正如植物需要水。鼓励，就是给孩子提供机会，让他们形成"我有能力，我有贡献，我能影响发生在我身上的事情，我能知道我该怎么回应"的感知力。

但事实上，很多家长并不善于鼓励孩子，而是善于赞扬孩子。有人会说："鼓励不就是赞扬吗？"其实鼓励和赞扬是两个概念。很多家长在教育孩子时经常说："你真棒！""你真乖！""你真是个好孩子！"这其实不是鼓励，而是赞扬。有些心理学家认为，赞扬可能会在短期促进一些孩子改善行为，但从长期效果来看，这些孩子可能会变成"讨好者"和"总是寻求别人的认可"，他们对自我的认知可能会完全依赖别人。

豆皮刚上幼儿园时因为乖巧听话，经常被老师表扬。有一次回家闷闷不乐，我就问他："宝贝，怎么啦？"

"老师今天没表扬我。"小家伙吞吞吐吐好半天才说。

"到底怎么回事呢？"我有点儿沉不住气了。

"今天手工课，我们学折纸，我明明折得也很好，可是老师就说了句'你真棒'。"

"那不是表扬你了吗？"我奇怪地问。

"可是她跟其他小朋友说了好多，她说丽丽的小老虎折得非常好，还涂上了颜色。还有鹏鹏的……"

小家伙吧嗒吧嗒说了一大堆，我听出来了，这是因为老师没有表扬到位吃醋了。

不过通过这件事，我开始思考一个问题。为什么老师明明表扬了豆皮儿，豆皮儿还是不开心呢？其实这里面潜藏着一个有意思的问题：赞扬和鼓励的区别。

赞扬指向的是"做事的人"，更多的是表达对孩子的认可。

比如"你真是个好孩子""你做得对"等话语。赞扬会让孩子们为他人而改变，总是寻求别人的认可。而鼓励则承认孩子做的事及其努力，会让孩子觉得我这样做是对的，是被肯定的，进而为自己改变。

然而现实生活中，要想真正发挥鼓励对于孩子的激励作用其实是件不容易的事，这里主要有三个原因：一是很多家长更多看到的是孩子行为表面上造成的后果，很难识别不良行为背后传递的信息——寻求归属感与价值感；二是更多的家长认为只有让孩子为这件事付出代价、受到惩罚，让他的感觉变得非常不好，他才能够"真的"记住这次教训；三是很多家长无法把握好鼓励的时机。

那么究竟怎样的鼓励才是最有效的呢？以下是几个小技巧。

1. 营造"特别时光"

当孩子们知道自己和家长有特别的专属时间，他们会觉得自己对爸妈来说很重要，爸妈很在意自己，这样可以让他感到归属感和价值感。安排好"特别时光"对我们做父母的来说也是一种提醒。提醒父母要给孩子无条件的爱，因为这种爱，才有了父母和孩子在今生相遇的缘分。当父母工作太忙而孩子需要得到足够关注的时候，可以提前让家长安排好时间，保证和孩子约定的"特别时光"。如果因为某件重要的事情，不能在"特别时光"陪孩子了，也要跟孩子解释清楚，比如告诉孩子："宝宝，妈妈这次很忙，我把我们约定的"特别时光"改到明天的这个时候，你看好吗？"

2. 确定"特别时光"的内容和时间安排

建议父母和孩子用头脑风暴的方式来计划"特别时光"的时间、频率和内容，可以把你们在"特别时光"做的事情列个清单，然后逐一评估，找出适合在"特别时光"里做的事，然后按照清单的安排严格执行就好。

在我的家里，我和儿子的"特别时光"是经过全家的"家庭会议"而确定下来的，我们的清单都贴在我家的冰箱上，随时可以看到，对我和孩子都是最好的提醒。

比如，我和儿子的"特别时光"之中的一件事是每晚他临睡前的 10 分钟，我会先说说对他的鼓励，说说他的进步，然后儿子就会开始说他自己白天最开心的事和最不开心的事，有时候我们还会一起头脑风暴解决问题的办法，以及今后如何避免类似的问题发生。即便我出差在外，也会在他睡前和他通话，继续我们的特别时光。

在使用这个工具的时候，也要注意以下几点事项：

2 岁以下的孩子还没到能够理解"特别时光"的年龄，只要孩子能够感受到你和他在一起的快乐就可以了，没必要刻意安排。在 2～6 岁之间，孩子需要保证每天至少有 10 分钟的"特别时光"。

在你们的"特别时光"里，家长一定要关掉手机，确保没有别的事情让你分心，要专心致志地陪孩子，你这样做，是在给孩子传递"爸爸妈妈特别在乎我"的信息。

第三，在"特别时光"里，你可以就某一件重要的事情和孩子进行分享和讨论，不要涉及过多的主题，让孩子分散注意力，更不要引起不愉快的事情发生。

3. 运用鼓励技巧

鼓励孩子有三大技巧，第一个是描述性鼓励，"地板很干净，床很平整，书都整齐地码在书架上"；第二个是感激型鼓励，"走进你的房间，我感觉很舒服"；第三个是授权式鼓励，这个技巧要求你对孩子真的了解，有"证据"支持，并对他充满信心。

除此之外，我们需要少用"我真为你骄傲"句式，或许孩子们更愿意听到"这真了不起！你一定为你自己的努力感到骄傲！"

孩子有心事，父母要过问

俗话说："一双善于倾听的耳朵胜过十张能说会道的嘴巴。"善于倾听也是一种重要的沟通方式。大自然赋予我们两只耳朵，却只有一张嘴，这其实就是在告诉我们倾听的重要性。学会倾听是和孩子沟通的前提，而如果我们连倾听都做不到，自然无法走进孩子的内心。

豆皮儿回家的时候明显有点儿不高兴，我赶紧过去问情况："怎么了宝贝？"豆皮儿闷声不说话，有点儿气愤。我轻轻坐在儿子旁边，拍拍他的肩膀说："妈妈还是你的好朋友吗？"

"当然是。"豆皮儿不假思索地回答。

"那么有心事是不是该和好朋友说呢？"

豆皮儿点了点头，开始向我倾诉："今天手工课，我做的手工不是很好，老师就拿起来说……"

"想一想老师有表扬你的时候吗？"

"当然有，上一次手工课老师还表扬我了呢。"豆皮儿的情绪好了很多。

"所以老师并没有责怪你手工做得不好，只是他希望你能做得和上回一样好。而且我们是男子汉对不对，男子汉就要大度，怎么能因为这件事跟老师生气呢？"

听了我的话，豆皮儿若有所思地点了点头，然后恢复了之前调皮的样子，并对我说："妈妈我知道了，谢谢你听我说话。"

小孩子也会有心事，特别是男孩子，表面上十分调皮，但有心事的时候也可能会憋在心里。这时就需要我们去主动引导孩子，让孩子说出自己的心事。接下来，我们只要做一个倾听者就可以。

那么当孩子有心事的时候，我们具体该怎么做呢？下面是 3 个小技巧。

1. 善于观察孩子的情绪变化

小孩子有心事的时候大多会在情绪上表现出来。作为家长，我们应该时刻注意孩子的情绪变化。当然这不仅需要敏感的眼睛和耳朵，还需要敏感的心灵。

2. 听孩子把话说完

听孩子把话说完是对孩子的一种尊重，但是很多家长都做不到这一点。比如孩子兴冲冲地想和我们说说幼儿园发生的趣事时，很多父母因为在忙自己的事而打断孩子的话。再比如当孩子和同学打架的时候，我们的第一反应不是倾听，而是去责怪孩子。

其实听孩子把话说完真的很重要，因为孩子每一个行为背后都是有原因的。如果我们贸然打断孩子的讲话，甚至是没有了解事情的真正缘由就去责怪孩子，时间长了，孩子什么话也不愿意和我们说了。

3. 给孩子一些建议

在听完孩子的倾诉后，家长不是什么也不做，而是应该根据自己的知识、阅历给孩子提供一些建议。

认真聆听是对孩子的尊重

今天你有认真倾听孩子讲话吗？当被问及这个问题的时候，很多父母都会惭愧地摇摇头，而有些父母也会不以为意。确实，我们不能期望自己用 100% 的注意力倾听孩子说话，毕竟这很难做到，原因是这样的：一方面孩子滔滔不绝地说话，很容易让我们感到厌烦；而另一方面，孩子讲述的内容多是一些奇怪的或是阿猫阿狗之类的琐碎事，虽然对他们而言，这些事情很有趣，可是在我们看来，大多时候并非如此。

综合这两个原因，当孩子说话时，除了善意的回答外，我们通常会有这样的反应：偶尔失神，或是机械地点头说："嗯……对……

好……可以……"但是作为一个合格的倾听者，我们必须每天审视自己的倾听态度，且集中注意力，认真倾听孩子讲话，否则很可能会产生类似以下的困扰。

"豆皮儿，你看到妈妈梳妆柜上的那个小盒子了吗？"我一边做家务一边问正在一旁玩耍的豆皮儿。

"看到了，喏。"豆皮儿把小盒子拿过来递给我。

"天哪，这么精美的盒子，你怎么可以把这些脏脏的玻璃球装在里面？这可是我的首饰盒啊……"看到自己的首饰盒装满了各色各样的玻璃球，有的上面还带有泥块儿，我心痛极了。

"妈妈，你说可以的啊。"豆皮儿仰着头一脸纯真的样子。

"不可能，我什么时候说了？"我一脸的黑线。

"刚才啊，刚才我问你我可不可以用这个盒子时，你说'嗯……好……可以……'难道你不记得了吗？"

我确实不记得了，因为刚才一直在忙着玩手机，似乎听到孩子这样问了，又似乎没有，至于自己怎么回应的，根本没什么印象。

这样的场景是否似曾相识？仅仅是因为我们没有认真听孩子讲话，就闹出了这样的乌龙。认真倾听，能从孩子的话语中获取准确的信息，能避免不必要的争执和纠纷。其实更重要的是，认真倾听是倾听者应有的一种姿态，是对孩子的一种尊重。

在和成年人交谈时，出于礼貌和教养，我们都会认真地倾听对方在说什么，并给予积极的回应。但是对待孩子时，我们往往会忽略他在说什么，甚至对孩子的讲话内容不屑一顾。其实，很多时候我们低估并忽视了孩子的表达需求和热情，这样很容易让孩子受伤，让孩子认为我们不尊重他，不关心他，而一旦孩子心底萌生这样的想法，就会关闭自己的心门。

为此，对于孩子的每一句话，每一次的表达，我们都应该认真倾听，而不是简简单单地敷衍了事。那么当孩子说话时我们该怎样倾听呢？

1. 放下手机认真倾听

最好不要一边玩手机一边听孩子讲话，这样会让孩子感觉我们根本没心思听他说话。

2. 看着孩子的眼睛倾听

当孩子说话时要看着孩子的眼睛，这样孩子就会感觉到我们是在认真听他讲话。

3. 每天问自己一句话

当然，认真倾听不仅仅是一种态度，更是一种习惯，为此，我们不妨每天都问自己一句话："今天有认真倾听孩子讲话吗？"这样就能不断提醒和监督自己，为做好一个倾听者而打下坚实的基础。

孩子也要面子，人前莫教子

中国有句古话叫"人前教子，背后教妻"，然而瑞典人在教育孩子时的方法正好相反：人前不教子。瑞典人普遍认为，孩子也有自尊心，不论什么时候，父母都应该保护孩子的自尊心。

其实瑞典人对孩子的尊重不仅仅体现在人前不教子上，在日常生活中，瑞典父母对孩子都十分尊重。比如，瑞典父母和孩子说话时会蹲下来，视线与孩子齐平。而且平时和孩子说话的时候也很少用命令式的话语。

瑞典人的做法正如思想家、教育家约翰·洛克的一句名言："父母越不宣扬子女的过错，则子女对自己的名誉就越看重，因而会更小心地维护别人对自己的好评。若父母当众宣布他们的过失，使他们无地自容，他们越觉得自己的名誉已受到打击，维护自己名誉的心思也就越淡薄。"

然而现在仍然有很多家长在公共场合大声呵斥孩子，其实这种教育方法不仅会伤了孩子的面子，更会让孩子的自尊心大大受挫。如果我们能事后再去教育孩子，不仅不会引起孩子的逆反心理，还会取得很好的效果。

国学大师钱穆从小就聪明好学，而且记忆力非常惊人，在他9岁的时候便能背诵出一部《三国演义》，成了远近闻名的神童。

有一天家里来了客人，客人有意要考考钱穆。客人特意出了几道难的题目，结果钱穆都能一一对答。客人对钱穆大加赞赏，钱穆毕竟是个孩子，听到被赞赏难免有点儿沾沾自喜。站在一旁的父亲把这些都看在了眼里，不过并没有说什么。

过了几天，父子俩外出时经过一座桥。这时父亲指着木桥问儿子："'桥'字怎么写？"钱穆捡了一根树枝，在地上写出了"桥"字。"那么把木字旁换成马字旁，是什么字？"钱穆回答说："是'骄'，骄傲的骄。""那么'骄'是什么意思呢？"钱穆听到这里恍然大悟，同时也明白了父亲的深意。

从此以后，钱穆一直把父亲的教诲铭记于心，做人做事谦虚谨慎，最终成了国学大师。

钱穆的父亲是聪明的，如果当时当面指责钱穆，那么很可能伤了钱穆的面子。可见人前不教子是有道理的。那么究竟如何才能做到人前不教子呢？下面是几个小技巧。

1. 在公共场合切莫批评孩子

孩子虽然小但也要面子，公共场合往往人比较多，如果孩子被当众批评，一定会感到很羞愧。而且这时候孩子为了保护自己的面子，很可能对大人的批评充耳不闻，甚至是反抗。因此切莫在公共场合批评孩子，即使孩子犯了错，也要放在事后说。

2. 不要当场宣扬孩子的过错

一般情况下，孩子犯了错心中都会产生不同程度的内疚，这个时候千万不要当场宣扬孩子的过错。有些父母觉得，只有让别人听到孩子的错误，才会让孩子长记性，其实这样无形中会放大孩子的过失，与此同时给孩子的自尊心造成严重的伤害。

3. 切忌在事后喋喋不休

　　有些家长能做到人前不教子，可是事后却喋喋不休，揪住孩子的错误不放。其实一旦孩子对家长的批评感到厌烦，批评也就很难起到效果。因此事后批评也要适可而止。

不要急着否定孩子的未来

孩子是最敏感的，请不要轻易否定孩子，否则就会给孩子幼小的心灵留下创伤。

为了让豆皮儿赢在起跑线上，我从幼儿园开始就带他接触数学。可是豆皮儿好像完全没有数学天分，为此我十分惆怅。甚至有一天因为一道数学题目，我和豆皮儿发生了争吵。

我："这已经讲到第几遍了，你怎么就一直听不懂呢？"

豆皮儿："太难了，我不会做。"

我："到底难在哪儿了？你看看隔壁家的文文，比这难的题都会做了。"

豆皮儿："我好像没有数学天分……"

我："气死我了，你说你爸还是数学高材生，你怎么一点儿也没遗传，真是笨死了。"

听到这句话，豆皮儿"哇"一声哭了，甚至两天没跟我说话。其实在说完这句话的时候，我的内心是后悔的，我这么急着否定孩子，一定是伤到孩子了。

这件事给了我很大的触动。其实在学习上，很多家长和我一样着急，都想自己的孩子比别人优秀，可一旦孩子达不到我们的期望，我们就会否定孩子："你怎么这么笨！""你怎么就是不听话呢！""你可真行，竟然犯这样的错误！"……

否定孩子无疑是在告诉孩子，他没有能力进行正确的判断，同时也在暗示他，我们并不在乎他的感受。父母的否定态度，会让孩子觉得自己的做法是错误的。而且如果孩子长期被否定，他会习惯性地自我批评和自我否定，觉得自己一无是处，因为怕被别人否定而不敢表达自己的观点、坚持自己的想法，不知该如何为自己争取权利。

因此，从现在开始不要再急着否定孩子了，而是应该多给孩子一些信心，多给孩子一点儿尊重。只有当我们尊重孩子时，他才会了解我们对他的爱。那么在日常生活中该怎么做呢？下面是几个小技巧。

1. 不要否定孩子的情绪

孩子有权拥有自己的情感，也有权表达自己的情感，但是很多家长却用"你懂什么""小孩子哪里来的情绪"来否定孩子。这样的做法是不恰当的。当孩子的情绪来了的时候，我们可以说："我很难过你这么想，因为我的感觉是……"

2. 要有同理心

作为家长要有一颗"同理心"，善于从孩子的角度去思考问题，从而找到解决问题的方法。当孩子想要表达某些观点的时候，不要立马否定孩子的话，而是委婉地提出自己的建议，以保护孩子的自尊。

3. 弄清事实再下结论

当孩子犯错时，有些家长在弄清楚事实之前就不分青红皂白地把孩子批评一顿。这样做是不对的，很容易伤害孩子的自尊。孩子犯错时家长应该允许孩子为自己的行为辩解，然后我们综合孩子的做法和自己的经验来进行判断，最后再下结论。

孩子做错事，不要急着批评

有的时候，孩子做错事，家长急着批评，孩子委屈哭泣，等到了解了事情的始末，才发现孩子是被"冤枉"了，悔之不及。所以，孩子犯了错，家长别急着批评，先了解事情的前因后果。

周末早上，我带着豆皮儿出去玩儿，刚好遇到和他同班的丫丫，两个人玩了起来，我也和丫丫的妈妈聊了起来。

正聊着，突然听到丫丫的哭声，丫丫一直在哭，豆皮儿也紧张地站在原地，很明显，是豆皮儿动了手。我刚走到跟前，豆皮儿一下子扑到了我怀里，怯生生地说："妈妈，是丫丫抢我的纽扣，我才打她手的。"丫丫的妈妈也抱过她，询问道："丫丫，你哭什么啊？"丫丫委屈地说道："豆皮儿打我！"

　　我并没有急着责备豆皮儿，而是关切地问丫丫："丫丫，哪里疼啊？给阿姨看看，阿姨给吹吹。"随即，丫丫伸出了小手，不红不肿，但我还是温柔地给她吹了吹，随即，我又问豆皮儿："你打丫丫的手了？"豆皮儿点了点头。我继续说道："你们是好朋友，你也要给她吹吹，是不是？"可能是认识到自己做错了事，豆皮儿很乖巧地把头伸到丫丫身边，在她的小手上吹了吹。这时，丫丫不哭了，奶声奶气地说了句："豆皮儿，对不起，刚才不该抢你的纽扣。"这时，我才注意到豆皮儿手里攥着一颗红色的大衣纽扣，豆皮儿轻轻张开手，把纽扣递到了丫丫面前："给你玩儿，但是玩完了你要还给我。"丫丫小心翼翼地拿过纽扣，对豆皮儿道："我们一起玩吧。"就这样，两个孩子和好了。

　　当孩子犯错时，如果我们只顾着批评指责，却忽略孩子的心理感受，只会对孩子造成更深的伤害。尤其是当所有矛头都指向孩子的时候。

　　孩子犯了错，别急着生气指责，因为很可能你的主观臆断错怪了孩子。不管孩子做了什么，总有自己的原因，不管是幼稚还是不可理喻，都请先听听孩子的心声，然后做适当引导。

　　在得知前因后果之后，你发现孩子犯的错误真的需要做出必要的批评，那么如何在不伤害孩子的自尊心和自信心的前提下去批评他呢？以下是 4 个小技巧。

1. 低声和孩子交谈

　　通常来说，"低而有力"的声音更容易引起孩子的注意，也容易让孩子注意倾听妈妈说的话，这种方式相对平缓，比大声训斥要好上很多，孩子也更容易接受。

2. 偶尔采用沉默的方式

　　孩子做错事时，心里多少有点儿自责。此时如果妈妈对孩子保持沉默，孩子反而会更紧张，进而反省自己。

3. 旁敲侧击地暗示

　　有的妈妈面对孩子的过失，不是直接批评，而是采取启发式的教育，让孩子迅速明白妈妈的用意，愿意接受妈妈的批评教育，同时这种做法还能保护孩子的自尊心。

4. 推己及人的说教方式

　　孩子犯的错误可能会给别人带来麻烦，妈妈可以问一句："换位思考一下，如果你是×××，你会怎么想？"这种引导孩子设身处地为他人着想的方法有助于孩子认识到自己的过错，并能促进孩子进行自我反省，主动承认错误。

第三章

吼叫孩子，不如赢得孩子

　　吼孩子往往是无效的，吼完，妈妈后悔，孩子也难过。与其去吼孩子，不如去赢得孩子。养树养根，养人养心，对大人和孩子来说都是如此。在这章的学习中，你将会学到如何通过和孩子合作来赢得孩子的信任。

使用暂停角，安抚暴怒小孩儿的情绪

北京大学心理学系魏教授说过："我女儿发脾气时，我不会生气，因为我知道那不是她不懂事，而是她大脑还没有发育到那个阶段。"

这时候你怪孩子不讲道理，就跟怪孩子为什么不能一出生就会自己穿衣吃饭走路一样，其实是你自己不讲道理。

他也曾在节目中分享过他女儿发脾气的故事：

有一次他女儿的小熊维尼找不到了，他指责是孩子没有收拾房间才导致找不到小熊。

女儿眼眶都红了，眼里带着怒气，说话带着哆嗦："不是我！

我记得放到箱子里了！现在找不到，你不能怪我。"

这时候魏教授知道她发怒了，她情绪来了，也知道，她学习的机会到了。

当然让孩子描述自己的情绪并不容易，他女儿很喜欢看一部动画片，叫《头脑特工队》。它是把人头脑中的基本情绪——快乐、难过、害怕、厌恶和生气比喻成相应的小人儿。这些小人儿在头脑里打架，谁最厉害，人就表现为什么情绪。

他让她用动画片中的小人儿来描述她的情绪，她说是"怒怒出来了"。女儿一方面通过对自己情绪的描述而平静下来，另一方面也使自身的理智脑和情绪脑之间的联结更紧密了。

接下来，魏教授进入第二步，即帮她思考情绪。这时候女儿开始说出让她生气的那件事来。

接着魏教授引导女儿思考，说："所以，生气也不会帮你解决问题，对吧？而且你对爸爸发火，爸爸也很难受。你能感受到爸爸的不高兴吗？"

她看着大人脸上的表情，点了点头。

对付暴怒的小孩儿，有以下几个步骤：一是表示理解，帮孩子描述情绪；二是和孩子一起分析发怒的原因；三是引导孩子反思整个过程，并指出发怒并不会解决问题，有效沟通才能解决问题，并引导孩子体会他人的感受。

运用这三步，其实是对孩子进行了一次心灵的按摩，说得专业点儿，叫作心理认知疗法。

心理学发现，人的情绪不是来自于事件本身，而是来自于你对这个事件的看法。你改变了孩子对事件的认知，也就改变了他的情绪。

那么我们面对暴怒中的小孩儿，除了以上几个步骤，还有哪些方法技巧呢？以下是几个小技巧。

1. 用"暂停角"来安抚孩子的情绪

当情绪爆发的时候，理智便成了绝缘体，这时候讲道理是无效的。当负面情绪发生时，应该从当下的场景或事件中暂时离开，然后在自己觉得舒服的环境里调节情绪。这个舒适的空间，就叫作"积极暂停角"，也叫"暂停角"。总之，"暂停角"就是提供一个具体的方式，帮助孩子先处理情绪，后解决问题。

简·尼尔森就曾指出："暂停"应该是用来安抚情绪。运用"暂停"这一方法的关键，是零惩罚，只是安抚。

这里需要特别强调的是"暂停角"一定要孩子参与布置，并且是孩子自愿的。只有孩子们积极参与布置，他们才会从根本上认识到积极暂停不是要惩罚他们，不是要给他们造成痛苦，而是要让他们知道，只有心情变得好起来，才能更好地去解决问题。

那么怎么引导孩子布置"暂停角"呢？首先你可以对孩子说："我们一起来布置一个让你感觉很舒服的地方吧，一个在你感到生气、难过，或者需要时间平静下来的时候，你可以去的地方。你想在自己的房间，还是在家里的其他房间找个地方呢？"大多数孩子会选择在自己的房间，还有些孩子会选择不用的小床或者玩具帐篷，等等。其次，当孩子选择了一个地方之后，要问孩子："你喜欢在这个地方放哪些能帮助你情绪好起来的东西？放一个枕头、一个毛绒玩具，再放几本书怎么样？"

除此之外，要让你的孩子给这个专属于他的地方起一个名字。比如"甜甜公主的城堡""小狗窝"或者"海底世界"等。

2. 积极和孩子沟通

面对暴怒的孩子，发脾气是没有用的，反而会让孩子更加暴躁。这时最好的方法是静下心来和孩子沟通。如果我们本身的情绪很不稳定，可以在卫生间放一本自己喜欢的书，需要时就到卫生间里待几分钟，让自己感觉好起来。然后再去和孩子沟通，比如和孩子聊聊发脾气的坏处，冷静处理问题的好处，等等。

3. 注意言辞

当发生冲突时，要注意自己的言辞，不要命令或者"送"孩子去暂停角，你可以问"你去自己的小城堡里会感觉好一些吗？"

如果孩子说不，你可以问"你愿意我和你一起去吗？"如果你的孩子依然说不，或者正在大发脾气根本不听你在说什么，你要说"好，那我要去自己的积极暂停角了"。这个时候，孩子会注意到你的离开，并且可能会追上你。

有时候积极的暂停就足以改变孩子的行为，家长千万不要再进行类似"我早就告诉过你"之类的或者其他任何形式的说教。

赢得孩子合作的 4 个小技巧

　　你留意到"赢得孩子合作的 4 个小技巧"中"赢得"两个字吗？我们是要"赢得"孩子，还是要"赢了"孩子？

　　所谓"赢了"孩子是指大人用控制、惩罚的手段战胜孩子；而"赢得"孩子则是指大人维护孩子的尊严，以尊重孩子的态度对待孩子，相信孩子有能力与大人合作并贡献他们的一份力量。

　　作为家长，你"赢了"孩子，这对孩子意味着什么？让孩子成为一个失败者。这是你对孩子的期望吗？"赢了"孩子，会使孩子成为失败者；而"赢得"孩子，则意味着获得孩子心甘情愿的合作。

今天周六，豆皮儿说想去楼下和小朋友们玩儿。孩子们在一边玩儿，我索性就和小区里的邻居唠家常。突然听到"哇"的一声，我听出是豆皮儿在哭，赶紧跑过去看。这时豆皮儿和一个小朋友已经打起来了，我赶紧把两个孩子拉开。确定两个孩子都没事后，我先是安抚了另一个小朋友，然后蹲下身子对豆皮儿说："妈妈知道你现在很愤怒，也很伤心。"

豆皮儿看了看我，啜泣声小了些。我接着说："妈妈理解你现在一定很不好受。妈妈小的时候也和小朋友打过架，当时我是被他打了，感觉很委屈、很愤怒。"

小家伙一听我这么说，仿佛是某种情绪的闸门打开了，哭得更厉害了。

"我现在很想知道发生了什么，你一直哭，不说话，妈妈心里很着急。"我知道豆皮儿这时的哭是完全卸下了心理防御。

不过看小家伙一时哭得昏天暗地，这时我也不能着急，于是对豆皮儿说："这样吧，等你平静一些，你愿意跟我说再说好吗？"

小家伙点了点头，一边哭着一边抱住我。不一会儿，豆皮儿情绪好一些了，他主动说起刚才的事。原来是两个小家伙抢玩具引发的一场纠纷。

我很庆幸刚才没有直接发脾气，或者是要求豆皮儿怎么做，否则一定会引起孩子的反抗。赢得孩子的合作真的很重要，它能帮助我们走进孩子的内心世界。当你感知你和孩子之间没有沟通障碍，孩子没有敌意与不满时，他们就会主动和我们合作。

我们怎么才能赢得孩子的合作呢？以下是 4 个小技巧。

1. 识别出孩子的感受并用词语表达出来

一定要向孩子核实你的理解是对的，找到孩子此时的感觉，用语言表达出来。并且要向孩子确认："你是不是这个感觉？"

2. 表达对孩子的同理心

注意表达同理心不是宽恕孩子的行为。同理心和同情心不同，同理心是指站在孩子的立场上，进入到孩子的感觉世界中，理解孩子的感受，并且感同身受。两者的关系是平等的、亲密的。而同情心则是居高临下的，表达的是对对方处境的一种安慰，有时还带着怜悯。

在表达同理心时，可以告诉孩子你也曾有过类似的感受或行为，这样效果会更好。

3. 告诉孩子你真实的想法

告诉孩子你此时的真实感受和想法。诚实地表达自己的情绪，让孩子知道你此刻的真实感受，我们称为情绪诚实。

如果你真诚而友善地进行了前面两个步骤，孩子此时就会愿意听你说了。这一步的关键是不带批评指责。

4. 和孩子一起找解决问题的方法

这时候要积极调动孩子的参与感，和孩子共同寻找解决问题的办法。问孩子对于避免将来再出现这类问题有什么想法。如果孩子没有想法，你可以提出一些建议，直到你们达成共识。

需要注意的是，这时家长不要急着给孩子出主意，一定要先问孩子："你有什么办法？你打算怎么做？"

培养孩子的感恩心理

　　在家庭中，孩子就是小太阳，有父母宠，有外公外婆爱，还有爷爷奶奶亲。家长为了孩子，处处给孩子创造优厚的生活条件，在情感上给予无微不至的关怀，并且家长认为这一切都是自己应该做的，不求孩子的回报。但是一旦孩子把父母为他所做的一切当成理所当然，就可能失去感恩之心。

　　这不，最近一些家长在育儿论坛上讲述了他们的烦恼。

　　琪琪妈妈：

　　"女儿从出生以来就成了家里的小公主，为了给小公主创造更好的生活，我几乎放弃了自己的娱乐、聚会和喜欢的事。每天下班后第一时间就是陪她做作业，给她辅导功课。周六日也腾出时间陪她去玩儿。家务活从来不用她做，只要是我能做的都为她做了。可是女儿对我的付出从来不知道感激。有一次我花了一下午的时间给她买衣服，可是买回来女儿还是不满意，而且还跟我发脾气。哎，真不知道怎样才能培养孩子的感恩之心。"

晶晶妈妈：

"最近我家孩子刚上小学，开学的时候学校为新入学的一年级小学生举办了一次入学仪式，家长也参加。仪式上有一个特别的环节，就是每个孩子都会向家长行感恩礼。以前只在新闻或是朋友圈看到这样的事，现在自己亲身经历还是挺感动的。孩子回家后也听话很多，懂得关心我们了。但是过了不久，孩子又和以前一样了。对于我们的付出不知道感恩。现在我们很惆怅，怎样才能在日常生活中让孩子学会感恩呢？"

凡凡妈妈：

"我家孩子也是个宝贝，平时的吃喝拉撒没有一点不是我操心的。就说做饭这件事，我觉得自己的水平也不差，可孩子就是这不吃那不吃，我问他是不喜欢吃还是怎么的，孩子直接说我做得不好吃。而且还说同学的妈妈经常给他的同学做各种丰盛的早餐，然后质问我为什么不给他做那么好吃的饭。听到孩子这么说我真是很伤心也很生气。每天早上我 6 点半就起床给他做早饭，从来都是在他出门前把早餐做好，把他的书包整理好，可他就是不知道感激。你说为什么孩子总是把我们的付出当成理所当然呢？"

这不是我第一次听到家长抱怨孩子不懂感恩了。其实，这样的问题，很多家庭多多少少都会碰到。现在经济条件好，很多家庭对孩子十分宠爱，任孩子索取，无限度满足孩子的愿望。这就让孩子形成了一个非常可怕的意识，即父母对自己的好，对自己的给予都是应该的。时间长了，孩子自然不会把父母的付出当回事，反而一旦我们哪里做得不够，就会惹来孩子的抱怨。

《诗经》中说："哀哀父母，生我劬劳。"生养之恩，是这世上最大的恩情，作为儿女的我们或许一辈子都还不完。但是现实生活中，为什么有的孩子会心甘情愿报答父母的恩情，有的却对父母的辛苦付出视而不见？

感恩教育仅靠"反复唠叨式的洗脑"和"走感恩形式教育"，从来都是没用的。

刷朋友圈时，看见朋友晒出了孩子在幼儿园过生日的几张图片，其中有一张，是几个三四岁的孩子一起跪着向妈妈们敬茶。配文写的是："幼儿园提倡过中式生日，今天宝贝吃了长寿面、红鸡蛋，而且跪着给妈妈敬茶，这个生日很有意义！"评论里好几条留言都是赞叹与羡慕："现在就是缺乏感恩教育，这个幼儿园做得好！看到敬茶觉得好感动，我也要去和孩子的幼儿园说说，常举办这样的活动。"

在后台，常有女性朋友问我怎样进行感恩教育。当我问她教育的目的是什么时，她说："我们当妈的，怀胎十月，给了他们生命，他们当然要感恩我们的养育。"

这不是个别现象，妈妈们普遍认为，所有感恩教育的目的是不把孩子养成"白眼狼"。幼儿园的下跪敬茶只是一个小场合的小仪式，但想想那些在中小学盛行的感恩教育：一两百人在大操场跪着"表演"给父母洗脚。这些就能让孩子感恩父母的养育之情吗？

有新闻报道，有专门的机构给孩子们做"感恩教育"，现场哭声一片。但是上完课的孩子们真的就能从此乖乖听话，将感恩放在第一位吗？

我的同事向我抱怨，她家孩子从来不知道什么是感恩，每天接送他、喊他吃饭都不说谢谢，感觉当爸妈的，做什么都像是理所应当的。为什么大多数的父母辛勤付出而孩子却不懂感恩呢？我们怎样才能教会孩子感恩呢？以下是几个小技巧。

1. 弄清楚孩子不懂感恩的原因

孩子不懂感恩，主要有两个原因。

（1）溺爱式教育

当孩子发现，他得到的一切都是理所应当的，就不会去珍惜。我们常能看见这样的父母，即使经济条件一般，两口子平时很节俭，但是对孩子却很大方，只要是孩子想要的东西就算砸锅卖铁也要给他买。他们的信条是"再苦不能苦孩子"。自己一件衣服穿上三五年，却时时给孩子买最新款的物件。然而孩子们手机买完还要买电脑，还要和同学去旅游……

父母付出所有，孩子已经习惯索取，却又不懂得感恩，心安理得地享受父母的付出。他要球鞋，你买球鞋；他要名牌书包，你买名牌书包。久而久之，孩子觉得你赚钱很容易，认为家长的义务就是把最好的贡献出来。想要的东西来得太容易，当然不知道珍惜。

（2）习惯性拒绝孩子

当孩子主动为父母做什么的时候，有的父母会习惯性拒绝孩子，虽然有些拒绝是为了孩子好，但孩子不一定能理解我们的心意。父母的习惯性拒绝与不会表达，导致了孩子缺乏主动感恩的意识。

弄清楚原因后，我们就应该从原因入手，一是不能溺爱式教育，二是当孩子为我们做什么的时候，不要习惯性拒绝。

2. 以身作则教孩子感恩

克鲁普斯卡娅曾经说过："对双亲来说，家庭教育首先是自我教育。"你感恩孩子带给你的快乐与感动，孩子反过来也会感谢你的付出。如羔羊跪乳，乌鸦反哺，都是自然的行为。

我们发现，不懂感恩的孩子背后，可能有着不会感恩的父母。真正优秀的父母，都是不动声色的摆渡人，他们循循善诱，而非加强控制，他们将价值观体现在行为上，而不是敷衍在空泛的道理中。也就是说，要让孩子懂感恩，作为家长的我们要以身作则，对自己进行感恩教育。

3. 将感恩教育融入日常生活中

最好的感恩教育是潜移默化的，因此我们要将感恩教育融入日常行为习惯中。比如有时我劳累了一天回到家里，正在玩玩具的小宝，会主动跑过来拿双拖鞋摆在我面前，微笑地看着我，我会对他说"谢谢宝宝，都会帮妈妈拿拖鞋了"。有时宝爸切了水果给小宝吃，小宝会一边说"妈妈吃"，一边喂到我嘴里。每到这时候我都会边吃边说"宝宝喂妈妈的水果真好吃呀，谢谢我的宝贝"。有时我身体不适，平日疯玩的孩子在家轻言细语，蹑手蹑脚，时不时爬到床边摸摸我的脸。我会握着他的手，放到胸口处，轻轻说声"谢谢，有了宝宝的关心，妈妈很快就会好起来"。

久而久之，每次我给宝宝拿东西、喂吃的时，他也会认真地看着我说"谢谢妈妈"；我做饭时他会跑到我身后紧紧抱住我说"妈妈辛苦了"；他生病在医院打针时，会靠着我说"有你真好，谢谢妈妈"……

4. 设立特殊时光，加强交流与沟通

设立特殊时光的含义是每天留足亲子时光。在这个时间段，没有手机，没有其他的娱乐产品，只有你和孩子一起度过的亲子时光。当孩子们知道自己和家长有特别的专属时间，他们会觉得自己对爸妈来说很重要，爸妈很在意他，这样可以让他感恩。

5. 教育孩子体谅自己的辛苦工作

作为父母，我们不仅要忙着工作，还要照顾孩子，所以父母往往是很辛苦的。但是孩子不明白这一点。我们应该让孩子明白我们的工作是辛苦的，钱不是白来的，而是我们辛辛苦苦挣来的。比如当我们在家里加班的时候可以跟孩子吐槽一下工作的辛苦。还有就

是不要孩子一要东西就答应孩子，这只会让孩子觉得钱很好挣。

6. 给孩子讲感恩的故事

在亲子阅读的时候不妨给孩子讲讲有关感恩的小故事，比如数学家陈景润的故事：

在攻克"哥德巴赫猜想"时，李文清教授曾经给了陈景润很大的帮助。有一次，陈景润到北京的时候，第一时间就去拜访了这位帮助过自己的老师。陈景润见到李老师说："我到北京后，一直想着老师的培养和教育。现在搞研究工作，总觉得以前老师的指导和培养是非常重要的。基础是老师帮我打下的。"

然后陈景润把最近发表的数学论文拿给李老师审阅。在论文的扉页上他还工工整整地写下了对老师的感谢。

尊敬的李文清教授：

非常感谢老师的长期指导和培养。

学生陈景润

除此之外，陈景润还给老师特意带了糖果、一套国画图片和一支烫着金字的铅笔。

和孩子像朋友一样对话

　　家长放下姿态，和孩子齐平，才能更好地跟孩子做朋友，和孩子做了好朋友，才能和孩子进行有效沟通，让孩子听我们的。而如果我们总是以高高在上的姿态和孩子沟通，只会引起孩子的反感和抵抗。

　　我一直认为自己是个好脾气的人，但是最近总想冲豆皮儿发脾气，因为豆皮儿最近变得越来越不听话。吃饭的时候，让他不要边看电视边吃饭，可豆皮儿就是不听；晚上让他把第二天要用的学习用具收拾一下，豆皮儿像是没听到一样；让他不要在我洗碗的时候在旁边玩耍，豆皮儿就是不听……

有一天早上穿衣服，我让他穿一件黑色的外套，可能外套不是豆皮儿喜欢的样式，但是很保暖啊，可豆皮儿扭捏着就是不穿，最后还和我顶嘴了："我是大人了，想穿什么就穿什么。"我被气乐了，对他凶着说："我是你妈，你得听我的。"

最后不管豆皮儿的抗议，还是给他穿上了那件黑色的外套，不过很明显孩子不是很高兴。

我觉得这样不是办法，如果经常这样，很可能会影响我和豆皮儿的亲子关系。于是以后在和豆皮儿相处的过程中，每当我们发生意见冲突的时候，我都会先让自己冷静下来，然后放低自己的姿态，像朋友一样和他好好商量。结果这一招儿很管用，小家伙也不再跟我唱反调了，比以前乖巧多了。

豆皮儿并不是故意不听话，只是他进入了"叛逆期"，开始认识到自己是个独立的人。我用"命令"式的口吻和他沟通，他当然不高兴了。

其实很多家长跟孩子说话时都习惯性地带有命令的语气，比如"吃饭的时候不许看动画片""赶紧收拾东西，一天到晚拖拖拉拉的""明天早点儿起床，我们要去姥姥家"等。孩子在小的时候自我意识还没有觉醒，对于父母这样的话语也言听计从。但是随着孩子渐渐长大，他们开始渴望得到父母的尊重，而且他们开始意识到自己是一个独立的个体，并不是父母的附属品。所以这时如果我们跟孩子用命令式的语气说话，孩子就会开始反抗。

很多家长为此烦恼，其实只要我们放低姿态，像朋友一样和孩子对话，这个问题就很好解决。那么我们该如何放低姿态呢？下面是两个小技巧。

1. 不摆大人的架子

很多家长在和孩子沟通时喜欢摆架子，而且觉得小孩子哪里来的自尊心。其实，孩子从自我意识萌芽开始就产生了自尊心，如果经常命令孩子，摆架子，只会让亲子关系变得很僵。因此，在和孩子对话时，我们应该放下大人的架子，将孩子放在与自己平等的位置上。

2. 给孩子做决定的机会

孩子的自我意识萌发后，有着强烈的主观性，表现在对于一些事情想要自己拿主意。这时我们应该给孩子做决定的机会。如果做得对，孩子会得到自我的满足；做得不对，我们可以帮助孩子思考他哪里做错了，然后进行改正。这样孩子才会变得越来越优秀。

让孩子听你的，切莫用强硬语气

　　在与豆皮儿沟通的过程中，我注重他的心理需求，尽量从孩子的角度来与他进行对话。我非常推崇世界级管理大师德鲁克说过的一句名言："沟通不是万能的，没有沟通是万万不能的！"我的亲子沟通遵循一个原则，那就是对孩子的尊重，其中包括对孩子自主意识的尊重，对孩子个体生命的尊重，对孩子价值体系的尊重。我不会采用强硬的"听我说"的语气，而是提出开放性的问题，让他来一次头脑风暴，让他积极参与其中。这就是做到让孩子"自己说"——知无不言、言无不尽。

　　豆皮儿上大班初期，我就有意识地培养他的阅读习惯，可是他不愿意听我讲关于阅读重要性的大道理。一开始，我总是用命令式的口吻对他说话："快读这一本童话""快把绘本故事读完"……但是，每次我这样说话，豆皮儿总是一脸厌烦，甚至还跟我顶嘴。经过思考，我改变策略，不再使用强硬的口气，而是运用孩子听得懂、喜欢听的语气跟他进行沟通。比如在豆皮儿阅读《十万个为什么》时，他对"为什么螃蟹横着走路？""鸭子走路为什么一摇一摆的？""马为什么站着睡觉？"等问题很感兴趣。如果只是依照书本理论式的解释，孩子的印象不会很深刻。于是我创新性地引导孩子创作一篇童话作文。以小兔子嘲笑小动物（螃蟹、小鸭子、马），问它们为什么走路、睡觉这么稀奇古怪开始。然后，这些小动物就群起而攻之，一一回答小兔子提出的疑问。最后，小兔子明白了其中的奥秘，也表示了理解。这样一问一答的方式，既有一定的趣味性，也具有故事性，孩子的学习热情也会有所提升。与此同时，这样的亲子沟通也会给家庭带来一丝乐趣。

有时在亲子沟通的过程中，孩子会出现情绪抵触、厌烦等情况，如何让孩子听你说话，且愉快地与你进行沟通呢？下面，豆皮儿妈给出 3 个小妙招。

1. 倾听胜于教导

父母在沟通过程中要做到倾听胜于教导。父母要根据孩子的思路去倾听，多问几个为什么，创造机会让孩子说，让孩子说出自己的想法，说出自己的疑惑。父母还可以鼓励孩子进行有主题的辩论与探讨，这种开放、自由的沟通模式不仅让孩子赢得了说话的主动权，更能激起他们思想的火花，从而让他们学会真正的自主思考，这就是经验共享的沟通模式。

2. 父母的赞美需要智慧

孩子需要赞美与欣赏。当然，赞美不是乱夸一通，也是需要技巧与智慧的。比如父母看见孩子做好的一件手工作品，只是泛泛地夸孩子"做得很好""你真棒"，反而显得很虚伪。如果父母能够从手工制作、设计美感等具体方面给予孩子肯定，并从专业的角度给孩子提一些改进的意见，那么孩子不但会欣然接受，也会在自信心上有很大提升。对于赞美，最忌讳的一点就是言不由衷。因为孩子的心灵很敏感，对于真话假话能迅速地感知到，所以父母在与孩子对话时应该有足够的真挚与诚意。

3. 先给孩子安全感，再教孩子真理

有的父母在孩子犯错误的时候，会劈头盖脸地给予一顿批评与责骂。其实，这样直接给予孩子真理的教育方式是不符合科学原理的。在教育学里，有一种沟通理念叫"先给安全感，再教真理"。当孩子做错事时，他的内心必定是恐惧与无措的。首先父母应该和孩子进行情感的联结，在亲子关系的融合与缓和中给予孩子情绪安抚。当孩子心里有了安全感，再教给孩子真理，这样孩子也乐于接受，也不至于使亲子关系变得僵化。只有父母的温情抚慰才能让孩子乐于接受批评或建议。而父母的大吼大叫只会增加孩子情绪的负担，并且常常使亲子沟通陷入无效和无奈的状态。

家长还应该培养自己的乐观情绪与良好心态，让整个家庭处在一个宽松、自由与爱的氛围里。自由与爱融合的家庭气氛将是孩子的情绪健康发展的基石。当一个妈妈哼着小曲做家务的时候，孩子也会感到生活的快乐；而当一个妈妈整天抱怨家务的辛苦时，折射给孩子的也是萎靡的心理状态。

作为孩子们的守望者，家长的愿望就是让孩子拥有一个快乐的童年。智慧沟通是一把金钥匙，可以打开孩子尘封的心扉。当孩子们在有效的亲子沟通中获得成长的时候，那也是父母最开心、

最欣慰的时刻。其实，我觉得父母不是在教导孩子，而是与孩子共同成长；父母也不是孩子的监管者，而是孩子的陪伴者。陪孩子度过快乐的童年，而父母在孩子身上收获的远远比他们付出的要多得多。这收获其实与金钱、利益无关，而是一场与心灵有关的教育光辉之彰显。这就是文学大家鲁迅先生所说的："教育根植于爱！"

给批评加点儿蜜，孩子更容易接受

　　当父母的批评方式更多地表现出一种专制、粗暴，甚至是"家长一言堂"的时候，在孩子的心中总会留下无言的伤害。当然这种伤害是无形的，也是潜藏于心灵深处的，就像心理学家武志红在他的著作《为何家会伤人》中告诉我们的："以爱的名义替孩子做选择，这会有极大的迷惑性。父母觉得自己做得对，孩子也不知道该怎么反抗。但是，父母和孩子都会因此而苦恼，父母发现，他们必须一直为孩子操心，而孩子则会经常感到闷、烦，甚至还会有窒息感，就仿佛有人在掐着自己的脖子一样。这种窒息感不难理解，因为父母替孩子做所有的决定，就是在从精神上掐死孩子的生命。"

一个被专制的批评方式奴役的孩子，会通过某个渠道发泄出来，所以有一部分幼儿会出现不定期的无理哭闹，甚至是不听任何的劝告。这是孩子情绪的宣泄，但也揭示了孩子存在巨大的心理压力，这就给父母敲响了警钟，必须引起重视。

有些家长总认为孩子还小，不会独立思考，所以就采取"批评至上"的语言方式。这样的批评不会问孩子的感受与意见。这种沟通方式就是对儿童自主权的漠视，让孩子丧失了独立的能力。所以有些幼儿在很多时候会显得特别依赖成人，不管什么事情都要让成人来做决定，只要离开家长的视线就会显得手足无措。其实，这并不是亲密的依偎，而是一种不正常的依赖情绪。这样的情绪正是表现出了幼儿内心的某种焦虑和恐惧，使得他不敢面对独立。

我表妹的女儿今年上幼儿园中班，不过她的语言能力和交际能力发展都比较迟缓。而我的表妹就是一个性格比较粗暴的人，经常对孩子指指点点、颐指气使。"你怎么总是这么不认真？""你怎么总是这么毛躁？"表妹原本以为这是给孩子一个提醒和警戒，却不知过度的批评与否定会在无形中削弱孩子的自信心。"你要注意啊！""你要当心啊！"表妹也会经常在孩子面前唠叨个没完。她说这是给孩子善意的点化，其实这是一种慢性伤害。

而我在批评豆皮儿的时候，总会在批评的语言上抹点儿蜜。

豆皮儿玩手机游戏有时不知道节制，会玩很长时间。我知道一味地批评他是没有什么效果的。于是，每次看他玩游戏时间久了，我就会站在他身边，脸上稍微露出严肃的神情，并对他说："豆皮儿，你这次游戏玩了快有 40 分钟了。妈妈希望你能尽快结束，因为玩游戏时间久了对眼睛不好，而且你还需要阅读一下绘本。妈妈知道你是一个爱惜自己眼睛，也是一个懂得把握时间的孩子。我相信下次你一定能对游戏时间有所控制。"我的批评可以说是游刃有余，再加上我严肃的表演助力，豆皮儿已经意识到自己行为的不妥了，所以也就很快结束了游戏。这就是给批评加点儿蜜，这样能让孩子不尴尬，让孩子的时间管理更有效。

批评孩子需要技巧，更需要智慧。如何让自己的批评变得更加具有效率与效力？如何在批评时加点儿蜜？豆皮儿妈现在给出 3 个建议。

1. 批评切不可变成人身攻击。父母的批评可以就事论事，也就是对孩子犯的这个错误本身进行谈论和交流，切不可变成对孩子本身的指责与怨怼。比如我们可以说"妈妈觉得这件事你处理得有点儿不妥"，但是绝不能说"这件事你做错了，你真是不够理智，你真是太笨太不着调了"。人身攻击只会打击孩子的自信心，并让孩子的情绪有所压抑。

2. 批评时加蜜要注意方法策略。当孩子表现不好或犯错误的时候，我们可以不必急着批评孩子。因为孩子知道自己做得不对，他心里一定也很愧疚很自责。此时，家长需要做的不是大骂一通，而是保护孩子的自尊心。我们可以这样说："虽然这次做得不好，但是我记得上一次你表现得非常好，说明你还是有着独特的天赋和潜能的。妈妈看到了你的努力，也知道你在进步。"这样呵护着孩子的自尊，从而让孩子在接下来的时间里，具有充足的信心。

3. 批评时要提出建设性的解决建议。父母的批评不能无始无终，既然看到了孩子的错误之所在，就要给孩子建设性的建议与意见，从而让孩子在以后的时间里，行动更有方向。肯定孩子的努力，欣赏孩子的进步，不贬低孩子的自尊。这是教育心理抚慰三步骤，需要我们做家长的小心谨慎地应用。

训斥孩子，不如与孩子做个约定

　　我有一个当幼儿园老师的闺蜜，跟她一起喝茶时，她给我讲了一个自己的教育故事。

　　在她的班上，有一个男生叫明明。他的性格很是孤僻古怪，对学习很难提起兴趣，跟同学相处也不是很融洽。而且明明对音乐一点儿兴趣也没有，甚至还有一种无言的抵触情绪。记得有一次，在音乐课上，这个男孩儿居然带头吹口哨以扰乱课堂秩序。当时，闺蜜真的很气愤，真想好好地教训他一番。经过冷静与权衡之后，她一再告诫自己一定要有足够的耐心来对待这个与众不同的男孩儿。她想每一个孩子的调皮、捣乱与不爱学习，根本原因不在孩子，而是在于老师和教学方式，一定是自己的教育在某一个环节出现了问题，所以才会出现这些"特殊"的孩子。

经过一段时间的观察，闺蜜发现这个孩子虽然孤僻，但是具有一种安静的特质，所以她会让男孩儿帮她整理一些绘本材料。每次他出色地完成任务的时候，闺蜜就给予他真诚的肯定与表扬。

这是老师和小男孩儿的第一个约定：老师让他找到价值感，他在老师这里学会进步。男孩儿虽然学习能力比较弱，但是他总能提出自己的问题，且每个问题都很新颖。于是，闺蜜就鼓励他多多说出自己的想法，培养他独立思考的能力。而且，每逢上音乐课时，闺蜜还会让他给自己做学分记录。当然，老师是给予他充分的信任，并对他的工作表示真实的肯定与赞誉。

这是老师和小男孩儿的第二个约定：相信男孩儿的心是向上向善的，并给予他肯定、信心与爱，让这个性格不一样的男孩子开始融入集体，学习兴趣大大增强，对老师也有了一份难得的信任。

就是这两个约定，闺蜜这个年轻的幼师让特殊的男孩儿身上所有的缺点演化为闪光点。这就是爱的约定，既饱含深刻的教育真理，更饱含着老师心中对男孩儿浓浓的仁心至爱。

上一节，我提到豆皮儿玩网络游戏无所节制的事情。现在，我也将批评变成了彼此之间的约定。我会和他约定每天玩游戏的时间段和时长，如果哪天超过时长，那么第二天就会减少相应的时间。如果在 1 个月内豆皮儿都能遵守相关约定，就会给予一定的奖励，而这个奖励也不是金钱、物质的，而是精神鼓励或是游玩时长的增加。当然，我自己也必须遵守其中的约定，与孩子一起进入规则与制约之中，让整个家庭都在自律与自由之间达到一种高效的平衡。

我们做父母的，如何让批评变成约定，而又如何让约定达到预期效果呢？下面，豆皮儿妈就给出 3 个实践建议。

1. 让孩子从小就懂得何为真正的自由与规则，并让他们知道何为两者之间的界限。

我们一直在强调要给儿童绝对的自由，可是这个世界上所有的自由都必须与规则结合。自由与规则，是儿童世界两个互相制约，又彼此共融的平衡线。一个真正自由的人必须是一个遵守游戏规则、社会法则的人。儿童在约定中要遵守相应的规则，一旦有人违规，就会受到相应的惩处。家庭约定就是社会的一个小小缩影，儿童在约定中学会遵守一定的纪律与规则。在这个世界上，自由从来都不是散漫泛滥的；儿童的自由也从来都不是随意而为。人性中含有不可抗逆的劣根性，规则与纪律就是这种低劣人性的抵御剂。规则给儿童带来行为上的制约，同时也是对其不良行为的警戒。让儿童享受充分的自由，前提条件是将儿童制约在有限的规则之内。

2. 约定不可以变成物质交换。

有的家长在制定规则的时候，如果孩子表现良好，就会给予一定数额的金钱奖励。这就是家庭约定中的大忌，因为这样的物质奖励会让孩子变得功利而市侩，而且也让家庭约定变成了某种交易。一旦孩子没有了物质奖励，而他遵守约定的动力也会随之减弱，甚至丧失。我们可以将物质奖励变成精神鼓励，比如给孩子颁发一个有象征意义的奖状或是为孩子撰写一段表扬的诗歌等等。

3. 家长是约定的制定者，也必须是约定的践行者。

有的父母认为约定是为孩子制定的，自己不需要遵守。其实，这是关于家庭约定的误区，只有父母加入约定的行列，并与孩子一起遵循规则，那么才能使得约定具有真实的效力。家长遵循约定，既是给孩子树立良好的榜样，也让约定更加具有制约性与规则性。

在家庭约定中，孩子们不再是单独的个体，而是需要融入集体之中，通过团结、互助的共同协作来完成一个共同的规则活动。这也就是家庭制定规则的理念核心之所在："让孩子在家庭中接触社会规则，让家庭成为历练孩子规则意识的缩影之地。"

不和孩子翻旧账

意大利著名教育家蒙台梭利严正指出：幼儿教育必须以儿童的生命需求为本，而非以成人的意愿为上。这就给我们的家长提出了一个重要挑战——我们是否愿意并注意倾听儿童的心声？我们的教育方法是否符合儿童生命本身的需求？以儿童视角为本，让我们不但对幼儿教育做出了严肃而严谨的思考，更重要的是引起我们对自身的思考与反省。

我的一位同事有一个6岁的儿子。有一次，孩子做作业的时候，错了许多题。当时，这位妈妈就大发雷霆，开始不停地唠叨："你太不认真了""这么简单的题都能做错""你真是粗心大意""你上次连最基本的运算都能算错""你上个月测验只拿了不到 80 分"……这一连串的指责与批评真是铺天盖地，这一大堆的旧账真是翻了又翻。

此时的孩子已经非常不耐烦，开始顶撞妈妈："是的，我什么都做不好，我一无是处，行了吧。"

妈妈也因此而变本加厉，怒吼道："我这是好心提醒你，让你以后长点儿记性，你还委屈上了。"

只见妈妈一个动作将儿子的作业本撕了个稀烂，而儿子则是满脸无奈，眼含泪花，躲到卧室里哭了。母子俩的沟通变得一团糟，亲子关系也变得很僵硬。

同事晚上平复了心情，与我在微信里聊了很久。我对她说："你做母亲的心情我很理解，但是你跟孩子的沟通方式的确有问题。你这样不停地翻旧账，会让孩子只感到自己的无能与无力，会让孩子变得没有自信。"而且我还给她举了个例子，说："我们换位思考一下，如果换作是我们在单位，领导对我们一味地批评，并不停地翻我们的旧账，那我们的心情又会如何呢？"

"那我肯定会受不了的。"同事说。

"同样的道理，我们以这样的方式对待孩子，那么孩子的心情一定糟糕透了。而且孩子还小，心理承受能力比我们更脆弱，所以更需要我们的呵护。"

听了我的分析，同事也表示自己情绪确实有些过激了，她决定第二天跟孩子好好沟通，并真诚地向孩子表示歉意，希望可以恢复亲子沟通的和谐与温馨。

喜欢翻旧账的父母总是给亲子关系抹上一层挥之不去的阴影，如何让父母和孩子的阴影散去？下面，豆皮儿妈就给出 3 个建议。

1.家长注意控制自己的情绪，切不可如泄闸洪水般一发不可收拾。

做父母的首先是一个在情绪上有所节制的人，才能有效地掌控与孩子交流时的语言力度。父母情绪健康的具体表现为接纳孩子的优缺点，并且信任孩子。

2. 将翻旧账变成记录孩子的点滴进步。

尹建莉老师在她的教育书籍《好妈妈胜过好老师》中讲述了这样一件事，说自己为女儿圆圆准备了一个礼物，那就是"功劳簿"，记录女儿成长过程中的每一个进步，让女儿可以充满信心地度过生命中的每一个阶段。这个小小的功劳簿就和翻旧账形成了鲜明的对比，让孩子感受到了自己生命的闪光点，而不是生活中的每一个黑暗点，从而让孩子为自己感到骄傲，拥有更加自信的生命状态。

3. 家长要懂得心理学原理，给孩子释放情绪的机会。

有时，孩子自己不会释放自己的情绪，需要我们给予积极、智慧地引导。我们可以用提问式的谈话方式来跟孩子进行谈心，不是教导，不是批评，而是让孩子自己说出心声。当然我们还可以让孩子听舒缓情绪的音乐，还可以鼓励孩子拿起画笔，通过绘画来疏导负面情绪。家长还要有意识地培养孩子的抗压能力。不要包办孩子的一切事物，让他们自己去体验生活中的一些挫折。我们也要允许孩子犯错误，让他们在错误中得到经验与教训。因为孩子就是在不断尝试、不断失败中成长起来的。

德国教育家第斯多惠有这样一句名言："教育的艺术不在于传授本领，而在于激励、唤醒、鼓舞。"但愿我们给予孩子更多的鼓励与赞美，而不是批评与指责，因为教育的意义在于在赞美声中发现儿童生命的真善与美好，这就是礼赞童年的真实意义之所在。

第四章

轻松提升孩子的学习动力

学习问题，贯穿孩子的一生，也是家庭中最关注的点。孩子的学习力要从小培养，提升也是有技巧的。

轻松提高孩子的学习力，从语文、数学、综合素养几个方面来谈孩子该怎么去启蒙。抓好孩子的学习习惯，幸福整个家庭。

通过这章的学习，你会发现家里隐藏的"小天才"。

提升孩子的国学修养用这 4 招

前不久，在《国学小名士 2》中，被称作"最强飞花令少女"的贺莉然对战百人团。

在 5 分钟内，以一敌百，从李白的"花间一壶酒，独酌无相亲"开场，到"穿花蛱蝶深深见，点水蜻蜓款款飞"结束，一共对出了 127 句带"花"字的诗词，淡定从容地赢得了比赛。虽然之前也有落败环节，可在落败时，她说："虽然失落，但《红楼梦》中李纨的判词说：'问古今将相可还存？也只是虚名儿与后人钦敬。'"

许多网友感叹，看了她，才知道什么是江山代有才人出，甚至觉得自己是个"文盲"。

对于走红，她表示，自己只想提升国学修养，并不是为了名誉来参加节目。在那一刻，小小年纪的贺莉然，用超乎常人的淡然告诉我们，什么叫拿得起放得下，什么叫"腹有诗书气自华"。

于丹说："文化的力量，我们不能夸大它，它不能阻止地震的来临，也不能改变金融危机。它能改变什么？它改变的是我们面对这一切的态度，是我们自己和世界相遇的方式。"

我们生而平凡，而诗词，却能改变这种平凡。

还记得在《中国诗词大会3》中，打败北大文学硕士的外卖小哥雷海为吗？一个是北大诗词社社长——"中国成语大赛"总冠军，一个是中专毕业的外卖配送员。学历不高，貌不惊人的雷海为，只靠着对诗词的热爱和掌握，以黑马之姿完败对手，刷新了所有人对他的看法。

接受记者采访时，他同事说，别人休息，都是打游戏、斗地主，只有雷海为总捧着书，念念有词。如果不是诗词，他和北大硕士可能永远不会站在同一个平台上，更不会散发自己的光芒。

我们常说，"读史使人明智，读诗使人灵秀"。更重要的是，诗词能让人脱离庸俗、低级的趣味，知道如何享受时间和生活，能在满是泥泞的世界底层拥抱属于自己的星空。就像董卿评论他的那句："你所有在日晒雨淋、风吹雨打中的辛苦，你所有偷偷地在书店里背下的诗句，在这一刻都绽放出了格外夺目的光彩。"

即使没有与生俱来的财富，但对生活的感悟与思考、看世界的眼界和胸襟、对人生的追求和信念使他丝毫不逊于任何一个被富养大的孩子。

有些家长发出了疑问，这么小的孩子学诗词，能听懂吗？北大中文系教授钱理群先生曾说："我们传统的启蒙教育，孩子在抑扬顿挫中，自然能领悟某些无法或无需言说的神韵。即使暂时不懂，已经牢记在心，随着年龄的增长，有了一定阅历，是会不解自通的。"另外，儿童专家认为，4 岁之后，孩子的语言能力会飞速发展，尤其是在 5 ~ 6 岁，就足以真正掌握诗词，以及基本的释义了。所以家长不要担心小孩子学不会。

有些家长认为，课外时间让孩子学诗，浪费时间精力不说，且孩子太小根本读不懂，强逼着去学，反而让孩子压力大，不如过个快乐的童年。

事实上，作为家长，我们既然可以让孩子学会"大家好，我是小猪佩奇，这是我的妈妈猪，这是我的爸爸猪，这是我的弟弟乔治，看，他又在玩恐龙了"，同样也能引导孩子学会"白毛浮绿水，红掌拨清波"。孩子知道怎么玩手机，同样也能理解"儿童散学归来早，忙趁东风放纸鸢"。

要知道，孩子对待事物的态度，很大程度上受父母的影响。如果我们表示没工夫看这些没用的东西，那孩子的学习积极性也一定会被打击。

如果我们引导得当，那孩子对古诗的学习，就像是体验一场新鲜的游戏，毫无压力。那么我们该怎样引导孩子学习古诗呢？以下是 4 个小技巧。

1. 兴

也就是说，首先我们要给孩子讲与诗人有关的故事。让他知道，诗人的经历及写诗的原因，懂得情感"兴发"的由来。

2. 道

"道"，即"导"，引导他了解诗歌的背景、含义及道理，让孩子能够切身体会诗歌的魅力。

3. 讽

"讽"表示把书合起来背诵，当孩子真正理解后，尝试感受诗人的情感状态，那样不看着书也能把诗背下来。这并不是件难事，不要小看孩子的智力。

4.诵

最后，"诵"不是指读出来就好，而是有声调地读出来。如果没有语感，仅仅是死记硬背，作用并不大。

学会算数，不如培养数学思维

数学的重要性不必多言，一个人的理财能力、思维方式等方面都受数学影响。它忽略了物质的具体形态和属性，能用数量来表达的都属于数学的范畴，大到光阴似箭的时间，小到沧海一粟的蜉蝣。

阿尔弗雷德·阿德勒在《儿童的人格教育》中说："数学上的思想操作，可以让我们周围混乱的世界，通过数学间的运算而稳定下来。"科学素养和理性思维构成了孩子们的底层逻辑，逻辑思维能力强的孩子往往又能对世界有更清晰的认知，能更快实现成长与进阶。

几乎所有家长都能意识到数学对于孩子的重要性，可是在跟很多家长交流时，大家都向我提出过类似这样的问题：夫妻双方学历都不低，但在教孩子学习上常常力不从心。尤其是数学这一科目，嘴皮子都磨破了，口水都讲干了，孩子还是一脸懵懂。

但孩子从小就在上各种数学启蒙课，数数儿、加减乘除，九九乘法表在入学前也背到了滚瓜烂熟，还是没用。到底该怎么教孩子学数学？

平时回家的时候，我都会给豆皮儿买一些水果、蔬菜的模型，让他数数"有几个苹果"，或者问他"你有 2 个梨子，妈妈再给你 2 个，现在共有多少个梨子"。这时他会一个一个数或者简单计算后告诉我，充满了成就感，对算数的兴趣也更大。

经过几个月的锻炼，豆皮儿数数儿、计算能力不亚于小学一年级的孩子。

其实，数学可不仅仅是计数那么简单。父母如果只让孩子背诵乘法表，1 ~ 100 的计数顺序，仅仅停留在加减法这种很初级的数字阶段上，就失去了学数学的意义。

美国很多幼儿园很早开始推行 STEM 教育，其中 M 指的就是数学。然而，在国内一提起数学，咱们家长想到的就是应试教育中的数学题，其实不然。

我们可以换个角度来看这个问题：你希望孩子通过学习数学收获什么能力？

数学家陈省身说："我们每个人一生都花了很多时间学数学，但我们其实只是学会了计算，而不是数学。"数学启蒙教育，不是比谁先数到 100。后者的确赢在了起跑线，但我们想赢的，却是终点线。对于孩子数学思维的训练，我认为越早进行越好。

建立正确的数学思维方式，能培养孩子从具象到抽象的思维能力，当他们在未来学习更抽象和理论化的数学知识时，就可以掌握得更为顺畅。

那么怎样才能帮助孩子建立数学思维方式呢？以下是几个小技巧。

1. 教孩子运算思维

《科学》杂志上的一项研究表明，父母在孩子睡前讨论数学问题，坚持 1 年后，这些孩子的数学技能比其他孩子平均领先 3 个月。父母永远是孩子的第一吸引力，也是第一任老师。

在日常生活中，我们要利用空余时间锻炼数数儿、算数的能力，即运算思维，就像我教豆皮儿那样。

2. 教孩子空间思维

空间思维说的是孩子对于空间和几何的思维能力，这种思维本身就能非常有效地提升孩子的数学能力。空间思维力的强弱，直接影响着孩子对于数学、地理、化学、科学、美术和音乐等众多学科的学习和解决问题的能力，而且很大一部分上决定了孩子的学业成绩和日后职业的选择。

美国宾夕法尼亚州立大学地理学院院长罗格·道斯说："如果不对空间思维加以重视，将无法培养出 21 世纪会学习、懂生活的年轻一代。"

在睡前读绘本的环节，我们可以教孩子认识立体几何与形状。咱们可以说"宝宝你看，房子是长方形的，鸟儿的巢是椭圆形的"，这就是在有意训练孩子的几何思维，对空间的把握感。除此之外，我们还能和孩子一起搭积木、拼七巧板，裁剪各式各样的形状。

3. 教孩子对比思维

对比思维，讲的是比较物品大小、多少的思维。"大小""轻重""长短"这些反义词都是对比思维的基础，它们能让孩子知道数学不是冷冰冰的，而是有温度、有意义的。

比如，我会寓教于乐，常在家中问豆皮儿，咱们家中"谁最高？""谁最矮？""谁最重？""谁最轻？"每次他都是一边咯咯地笑，一边回答我。有时，我也会让豆皮儿将蔬果按照从大到小的顺序排列，让他对大小有基本的感知。

家庭语文启蒙这样做

都说教育改变命运，不知从何时开始"得语文者得天下"这句话忽然就流行起来了。

在我小时候，我听到最多的一句话是"学好数理化，走遍天下都不怕"，一下子就打败了中国几千年读圣贤书，做读书人的传统。

再后来英语的重要性越来越大，学好英文才能走天下。然而随着中考高考试题的命题方向改变，语文的区分度越来越大，升学方面，还是"得语文者得天下"。

普通高中语文课程标准把语文核心素养分为：语言建构与应用，思维发展与提升，审美鉴赏与创造文化传承与理解。

首先，语言建构与应用就是孩子词汇量和表达方式的集中体现。这能看出孩子的语文水平，在生活中或者具体语境中，如何说话，如何将书面语转化为自己的语言，都值得注意。

其次，是思维发展与提升。当一个孩子用自己的语言精准地表达自己的体悟时，实际上他表现出了他思想的深入和感受力的不断增强，这种深刻和细腻的表达方式就是思维的发展与提升。

然后，审美与创造审美是一种境界。体现在语言本身的审美和对语言背后思想的审美。比如唐诗宋词元曲，优美的诗词语言就是美好语言的代表，美好指的是语言的优美，还有吟咏的意境，幽静纷扰的情绪，内外兼修的审美。

最后我们来说一下文化传承。它像一幅画的背景色，是一切活动的基调。而语文中有很多承载文化的东西，神话童话经典著作的人物，经过多年的沉淀变成了一个个符号，储存在我们的文化中，所以我们需要去学习语文，了解中华文化，拥有共同的语言密码，这是我们国人的必修课。

语文开启了孩子认识世界的一扇大门。如果把人的认知看作一个屋子，那么从里面走到外面就需要开门。通道越多，可以接触的世界就越大。

可以说语文在人的语言、思维、审美、文化方面起到了独特作用。哲学家维特根斯坦说过：我的语言界限意味着世界的界限。能够用语言描述的世界才是我们感知到的世界，语言的水平决定了一个人世界的疆界。孩子不能很好地使用汉语，不能精准地表达，他的世界一定是模糊的。适当的语文启蒙能够帮助孩子构建自己的语言世界，为孩子提供更多的语言形式，使孩子终生受益。

语文启蒙不仅仅是用拼音。拼音是识字的工具，识字是阅读的准备，阅读是认识世界的活动，我们的目的是让孩子认识内部和外部的世界。对于尚在学龄前的儿童而言，这片广阔的未知世界，可以是生活的体验。

带孩子去花园里看月季，和孩子一起观察静夜花，看小蜜蜂怎么采花蜜，再给孩子讲讲植物的知识，在这个过程中，我们跟孩子所表述的语言会更趋于书面语和规范的语言表达，是高质量的语言输入，这也是启蒙。

语言的启蒙从语言开始。逻辑性和表达性在 0 ～ 15 岁都是启蒙阶段。如果从孩子的角度考虑语文启蒙，最重要的就是明白什么是"去蒙"，我们所做的启蒙必须是去除蒙昧。

语文启蒙更多的是一种精神上的启蒙，儒家经典《大学》提出"格物、致知、诚意、正心、修身、齐家、治国、平天下"八条目。其中"格物、致知"说的是学习，"物格而后知至，知至而后意诚，意诚而后心正，心正而后身修，身修而后家齐，家齐而后国治，国治而后天下平"，说的是学习与做人的关系，做人需要学习，只有学习才能做个对社会有价值的人。

"启蒙"这两个字，本身就是一个很大的话题，说大一点儿就是家长教孩子认识世界。

在很多人眼里，启蒙是让孩子识字背诗和学拼音。然而现在的启蒙不是教给孩子一门手艺或一项技能，而是要开蒙，使之明白事理，它应当是技能和思想的融合。

"启蒙"这个词有教知识或者入门这样的意思。语文启蒙除了让孩子掌握语言表达的技能外，更重要的是让孩子明白这些语言背后的思想。

如果我们不能用自己的语言描述某个事物，那我们就没办法真正地认识这个事物，没有做到真正认识这个事物也就无法做到用语言精准描述。

比如节气，《二十四节气》这首童谣就能帮助我们认识二十四节气：春雨惊春清谷天，夏满芒夏暑相连。秋处露秋寒霜降，冬雪雪冬小大寒。

孩子们对世界的认知往往是从书中来的。那么究竟怎样给孩子进行语文启蒙呢？下面是几个小技巧。

1. 为孩子选择合适的书

首先，幼儿时期孩子喜欢简单快乐的图画书，这类书能让孩子在阅读的时候充满安全感和稳定感，符合他们认识世界的心理。大一些的孩子逐步过渡到情节稍微复杂，人物越来越多，结合多种情绪的故事书，一般按照 1 ~ 2 岁，3 ~ 4 岁，5 ~ 6 岁这样来区分，以图为主、文为辅，到文字量逐渐增多的过程。

其次，从孩子的兴趣点着手。每个孩子的生活阅历、教育环境不同，喜欢的读物类型也不一样，有的喜欢狗，有的喜欢猫，你不必要求他必须去喜欢小鸭子。给孩子选书的时候范围要广泛，文学、科学、自然都要让孩子有所接触。看了一段时间以后，孩子就能找到自己感兴趣的书了。

2. 倾听孩子对书本的感受

父母读完故事后不要急于表达自己的感受，应该多听孩子的感受。即使孩子不会说话，也会咿咿呀呀地指着他喜欢的图画表达自己的想法，这个时候父母应该用眼神和笑容鼓励孩子。对孩子来说，这是一种及时的奖励。鼓励必须是真诚的，带有情感的，不一定追求跟孩子说了多少话，摸摸头、抱一下，或者笑一笑都能让孩子感受到他阅读的进步，可以帮助孩子建立在以后的学习和人生中必不可少的自信。

3. 给孩子创造表达的机会

给孩子讲故事的同时也要为孩子创造表达的机会，比如讲到书本上的一些疑惑，可以问问孩子，让孩子表达自己的看法。

4. 合适的时候结束伴读

如果孩子愿意自己读书，就不要让他坐在你的怀里或旁边了，找一张书桌让他和你一起读书，读完后交流感受。但在独立阅读的时候，应该一家人坐在一起静静地读书，孩子不懂的时候可以问一下爸爸妈妈，一家人也可以就书的观点讨论一番。通过书本建设家庭文化的意义超过阅读本身的意义。

古语里的富养女儿，到底该怎么养？

从来富贵多淑女，自古纨绔少伟男。所以"男孩儿穷养，女孩儿富养"成为传统养儿育女的"金科玉律"。这不，最近网上开始流行晒"如何富养女儿"的攻略。

有一天我在短视频软件里看到一位妈妈在晒为女儿准备的满床新衣服、新鞋子、新饰品。从公主床到小纱裙，应有尽有，各式各样的小玩意儿把房间挤得满满当当。

当有人质疑这位妈妈的做法的时候，她回复道："都说富养女儿，我就给我家小公主收集纱裙，逢年过节买各式各样的小礼物，就是怕她不开心，说人家家里有自家却没有。从小提高她的审美能力，小丫头，每天打扮得漂漂亮亮就好。"

还有一位妈妈，晒出了多套房产与豪车，而且霸气地写道："女儿，家里都给你准备好了，未来的婆家可不敢小瞧你。"

说实话，我有点儿被这些妈妈的教养观震惊到了。因为在这些妈妈的眼里，"富养女儿"似乎等同于"舍得为女儿花钱"。

诚然，就像《养育女孩》中写到的一样，女孩子的生存空间正在变得更加复杂和危机重重，她们的现在和将来注定比我们的更丰富也更艰难，父母的确要培养一个内心强大、独立坚定的女孩子。

但是，我们得先扫清"富养女儿"的几个误区。

首先，我们需要明确一点，富养女儿绝不是为了让她在成人后找个好婆家，让婆家"瞧得起，看得上"，更不是为了提高眼界免得轻易被男孩子骗走。

其次，这个"富养女儿"主要体现在眼界与精神上而不仅仅是砸钱。富养女儿的最好方式，是让女儿见世面，即在精神上富养，让女儿有充足的精神生活。当然有人会问，带孩子见世面是不是要很多的钱？并不是，富养只是一种养育孩子的方式，从来都不能用金钱来衡量。

我们陪着孩子在精神上变得富裕，能让女儿变得更有韧性。能讲究，也能将就，享受得了最好的，也能承受最坏的，使之有了更多选择的机会；等她到花儿一样的年龄时，就不易被各种浮世的繁华和虚荣所诱惑。

那么该如何富养"小公主"呢？怎么带女儿见世面呢？下面是一些方法、技巧。

1. 利用"特别时光"给予孩子精神上的满足

日常生活中，可以尝试用亲子间的"特别时光"给予女儿精神上的满足。放下手机，下班后给她讲故事，陪她唱歌、聊天、画画儿，和她一起做她想做的事。

据调查研究，亲子间的无话不说，会给孩子带来精神上的满足。

2. 善用鼓励提升女儿的自信

鼓励是指以一种"尊重""欣赏"的态度面对孩子，经常鼓励孩子能教会孩子"自信"与"自立"。比如在女儿伤心的时候，把她拥在怀里告诉她"不要怕，爸爸妈妈一直在你身边"；女儿胆怯的时候，拍拍她的肩膀说"你能行"；女儿忧郁的时候，给她一个明媚的微笑，告诉她"我们是朋友，有什么事都能和爸爸妈妈倾诉"；没事的时候，常和女儿说点儿悄悄话……

3. 带孩子去看看世界有多美

豆皮儿爸和我每年都会留足一笔家用的"旅游基金"。我们有张地图，上面标记着一家三口都想去的地方。豆皮儿模仿我和他爸爸的存钱行为，也会将他的零花钱、红包放入旅游基金中。等到我们都有时间的时候，就会一起去旅行。其实不管是养男孩儿还是女孩儿，都应该多带孩子去外面的世界看看，这样能增长他们的知识和拓展他们的眼界。

宝妈必懂的亲子游出行攻略

　　宝贝们期盼已久的暑假到了，朋友圈内刮起了"亲子游之风"，各个家庭不是在旅游中，就是在去旅游的路上。这不，翻开朋友圈，到处是宝爸宝妈晒娃旅游的配文。

　　小孟妈妈：孩子放假了，带孩子来迪士尼游乐园放松放松。

　　琪琪爸爸：琪琪一直对天文感兴趣，这次放假我们打算带她去天文馆看看。

　　萱萱妈妈：好不容易有时间，这次一定要带孩子去国外转转。

　　东东爸爸：孩子早就想去姥姥家，带他回去体验体验不同的生活也是好的。

确实，亲子游的好处不言而喻。有科学研究表明，经常旅行的孩子，大脑深层的神经元会得到额外的发展，他们的注意力和精神集中程度比一般的孩子要高出很多，IQ 也有显著的提高。另外，亲子游可以开阔孩子的视野，打开孩子的生活广度，并加深亲子关系。

　　而关于亲子旅游，朋友圈里的宝爸宝妈大致有 3 种观点：一是要尽可能给孩子最完美的旅行，比如去发达国家、国际大城市、闻名世界的游乐场；二是要让孩子在旅行中获得知识，去各种大学、自然或者人文博物馆；三是让孩子体验到世间百态，去相对贫穷的地区体验生活。

　　这些观点听起来各有千秋，这下子，让有选择困难症的家长更纠结了。到底该如何安排亲子游呢？其实在国外，也流行亲子游。与此同时，在亲子游中流行这样三个词：world-schooling, edventuring, life-learning。

　　World-schooling，意思是把世界当成学校和课堂。Edventuring，由教育和冒险两个词组合而成，意思是在探索和冒险中接受教育。Life-learning，意思是在真实的人生中去学习。三个词说得其实都是一个意思，即在世界中旅行是对孩子最好的教育。

　　当然，我们在旅游中学习不是说说这么简单，我们还需要一定的技巧方法。那么亲子游到底该怎么游呢？以下是几个小技巧。

1. 尽可能选择大地方

旅行就像一颗种子，旅行路上的美好，都会在孩子的心灵深处生根、发芽。那些充分感受了美好的孩子，心灵是丰盈且富足的，孩子只有对世界抱有美好的期待，才会更有动力地去寻找自我存在的意义和价值。需要注意的是，亲子游时尽量选择大的地方，为什么这么说呢？因为自然博物馆、科技馆等往往集中在发达城市。

2. 带孩子去看互动展览

亲子游最主要的是让父母和孩子参与进来，比如带孩子参加有互动的展览。当然看展需要孩子有一定的文化积淀，并且有相当大的兴趣。

3. 锻炼孩子的陈述性记忆

3岁以内的孩子鲜有陈述性记忆，3岁到6岁的孩子有少量的陈述性记忆。在旅游过程中，让孩子参与行程、路线规划，有助于加强孩子的陈述性记忆。这些记忆经过多次的重复和训练，就会不容易忘记。

培养孩子的时间观念与责任感

孩子从小没有时间观念和责任感有多可怕？来看下面的真实案例。

"高考前，学校收取了考试期间住宿、餐饮费 750 元，并劝家长不要陪考，免得给孩子造成压力。不料，英语科目考试开考了，我家孩子还在学校安排的宾馆里睡觉，也没人提醒。"

江西省某校高三学生小龚今年参加高考，临考前，小龚妈妈缴纳 750 元的高考 3 天住宿费、车费、饭费等，将孩子交给了学校，自己并没有陪考。

然而孩子 12 年的寒窗苦读败在睡过了头，小龚妈妈愤然投诉学校：听从学校安排，到头来耽误了儿子高考。

据当事人小龚说，午饭过后，他回到宾馆房间休息，再醒来时已是下午3时10分："下午英语考试，我午休睡着了没人来叫。"

年年高考，迟到错过考试的事件频频发生。2015年，因为睡过头，考生到达考场后被禁止入内，跪地痛哭，家长集体求情也不能放行；2016年，因为堵车，考生错过了高考第一门考试，在考场外徘徊；2017年，考生因跑错考场，迟到5分钟错过了英语考试，崩溃大哭；2018年，一高三男生因玩游戏而错过高考，赶到学校坐地大哭。

人生中最重要的考试，到底该谁负责？此次事件出来后，评论区分成了三派，一派认为老师们应该负全责，收了钱，就应该服务到底，确保每一个学生按时参加考试；一派认为高考都会迟到，那以后不管什么事都会迟到，不要为迟到找借口，学生和家长心大，全权将自己的事情委托给学校，不重视考试活该没有成绩；还有一派中立，认为学校、家长该被各打五十大板，学校没有尽到叫醒集合的义务，孩子不够自律，不够重视这一场考试。

其实，最该负责的是这些孩子和他们的家长。因为这些孩子缺乏时间观念且责任感淡薄，又或是他们从小缺乏这方面的教导，才导致对高考这么重要的事都不当回事。

时间观念对一个人的影响非常大，它往往是人与人之间接触的第一语言，对于孩子以后的人际关系和职业发展至关重要。比尔·盖茨曾说："真正的财富＝观念＋时间。"所有的成功人士都是时间安排的高手，一个人如何对待时间，时间就如何回报他。

从小培养孩子的时间观念与责任感，是父母们一生的课题。那么，家长该如何去培养孩子的时间观念?

1. 在家给孩子定规矩，制定作息时间计划

俗话说"无规矩不成方圆"，我们可以给孩子定规矩，比如吃饭时间控制在多少时间之内，在这个时间段里没吃完就不能再吃了。这样便能帮助孩子形成良好的作息时间规律，促使孩子形成时间观念。

2. 帮孩子制作日常惯例表

孩子往往对时间观念不是很清楚，我们可以帮助孩子制作一份日常惯例表，比如早晨起来做什么，上午做什么，下午做什么，吃完饭后做什么，等等。

3. 和孩子一起承担责任

父母和孩子一起勇于承担责任，并让孩子为自己的行为导致的后果负责。但一起承担责任，并不意味着父母承担所有的责任，以下做法，便不可取：孩子绊倒了，母亲教孩子骂"凳子坏，我们打它"；吃饭时，孩子把桌上的碗碰翻了，妈妈忙怪自己没放好；孩子漏做了数学题，妈妈怨爸爸光顾了看报纸，没检查孩子的功课……

遇到不好好学习的孩子怎么办？

在很多家长看来，厌学孩子的将来一片灰暗，因此对待孩子学习这件事格外认真。但是如果碰到不爱学习的孩子，就要像下文中的大伯一样着急了。

大伯的儿子俊俊比豆皮儿大 2 岁，豆皮儿属于那种乖巧类型的孩子，而俊俊是典型的"熊孩子"，而且是不好好学习的"熊孩子"。因为这个事，大伯也没少着急，可是不管怎么教育开导，孩子就是不爱学习，一天到晚只知道玩儿。大伯是个急脾气的人，实在气不过就会打孩子骂孩子，但一会儿孩子就忘了，不思考为什么挨打挨骂，还是该玩儿就玩儿，对学习这件事一点儿也不上心。

　　大伯事业很成功，唯独在教育孩子的问题上屡屡受挫。其实很多家长也有类似的烦恼，孩子贪玩不爱学习，似乎对学习一点儿兴趣也没有。脾气急的家长可能会打骂孩子，然而这样更容易激起孩子的逆反心理，结果就是和家长对着干，更不爱学习了。有些家长也想用温和的方式去管教孩子，但又不知道怎么做才有效果。

　　其实，孩子不爱学习的背后可能藏着你不了解的原因，如果我们能找到这些原因，并采取一些措施，也许就能解决孩子不爱学习的问题。具体该怎么做呢？下面是 4 个小技巧。

1. 了解孩子不爱学习的原因

　　孩子不爱学习的原因有很多，主要有以下 3 个。

　　（1）没有动力

　　小孩子天生都爱玩儿，而在学校只有很少的玩的时间，上了小学更是一整天都要在教室里度过，很多孩子感到压抑。而且很多孩子根本不知道为什么要学习，自然也没有动力。

　　（2）没有信心

　　每当孩子遇到学习上的问题时，很多家长就会说："这么简单的问题都不会，你怎么这么笨！"如果孩子经常听到家长的否定和责骂，他们就会变得没有自信，越来越否定自己，从而对学习产生厌恶的情绪。

（3）学习枯燥

相对于玩耍来说，学习太枯燥了，这也是孩子不爱学习的重要原因。

2. 告诉孩子为什么要学习

前面我们说孩子不爱学习可能是因为不知道为什么要学习。这时我们就应该告诉孩子，学习不仅仅是为了将来能找个好工作，更是为了实现他的梦想，让他变得更出色。

3. 多鼓励孩子的学习行为

有的时候，孩子的学习是需要家长多去鼓励的，其实小孩子也有虚荣心，也希望得到家长的鼓励、表扬，当孩子遇到学习上的问题时不仅要耐心帮孩子解答，还要学会给孩子鼓励。

4. 帮孩子把学习变成有趣的事

我们常说兴趣是最好的老师，如果孩子对学习不感兴趣，即使我们强迫孩子去学习，仍然起不到很好的效果。因此，我们应该帮孩子把学习变成有趣的事，让孩子从学习中找到快乐，从而主动去学习。比如，用游戏或是讲故事的方式教孩子去学习。

第五章

不急不躁，轻松养育好孩子

　　面对孩子，总是忍不住大吼大叫。"轻松"这个词好像在育儿领域并不奏效。

　　换位思考，孩子其实也不容易，面对学业的压力，从小小的人儿长到成人，经历不少挫折，他们也是第一次当孩子。

　　想要不急不躁地养育孩子，有什么好方法吗？有的，这章介绍的实用小技巧会在育儿路上助你一臂之力。

聪明妈妈，知道适时放手

为什么有人说永远不要和父母讲道理？因为他们嘴上喊着随你喜欢，行动上拿亲情的名义捆绑你：是我给了你生命，给你饭吃，所以你必须无条件地服从我，好让我有面子。

当孩子长大成人，父母应该学会放手。

电视剧《你的孩子不是你的孩子》里有一个叫作《妈妈的遥控器》的故事。

国中三年级学生小伟，发现自己被困在了星期三这天。在这一天，他会碰到同一个人，打到同一辆出租车，和同学朋友重复同样的对话。他不明白发生了什么，但是，为了能和最好的朋友去毕业旅行，他每天都把伪造的成绩单交给妈妈。

直到第三天晚上，他再一次交出了伪造的成绩单，妈妈突然说："我不是已经给了你三次机会了吗？"

他这才知道，原来妈妈的手里有一个遥控器，可以将他的人生向前倒带。从此，小伟在遥控器的控制下，开始了噩梦般的生活。稍有不满意之处，妈妈就会按下遥控器，让他倒回去重来。她不允许儿子的生活中出现任何变数，她耐心地、一遍遍地按下遥控器，把他修正成自己满意的样子。

虽然现实生活中并不会发生这样的事，但是很多妈妈完全是借爱的名义掌控孩子的人生。毫无疑问，这种亲子关系是畸形的。

操控型父母十分狡猾，因为他们常常把操控伪装成关心。一些常见的说辞有"我这样做都是为了你""这都是为你好"，其实都是一个意思："我这样做是因为我太怕失去你，我宁可让你生活在痛苦之中。"

其实孩子总要有自己的生活，他们不是我们的私人物品。正如纪伯伦说的那样："你的儿女，其实不是你的儿女。他们是生命对于自身渴望而诞生的孩子。他们借助你来到这世界，却非因你而来，他们在你身旁，却并不属于你。你可以给予他们的是你的爱，却不是你的想法，因为他们有自己的思想。你可以庇护的是他们的身体，却不是他们的灵魂，因为他们的灵魂属于明天，属于你做梦也无法到达的明天，你可以拼尽全力，变得像他们一样，却不要让他们变得和你一样，因为生命不会后退，也不在过去停留。"

因此，作为妈妈，我们应该学会适当放手，不要过多地插手孩子的人生，这样他们才会有自己的人生。那么究竟怎么做呢？以下是几个小技巧。

1. 不要一直催促孩子

有些妈妈总觉得小孩子什么也不会，什么事都要监督孩子去完成。比如孩子上幼儿园的时候每次出门前都不断提醒孩子书包、作业等。其实只要提醒几次就够了，如果孩子忘了，下次发生同样的事情之时，他们才会去反省自己，这样就不会有同样的情况出现了。

2. 给孩子空间，让他自己往前走

小孩子对母亲有特别的依恋，但是孩子总归要学习独立。邻居家的小鹏已经上小学一年级了，可是每天小鹏的妈妈还要背着小鹏上下学。如此被母亲呵护长大的孩子，他的自主性从何谈起呢？因此我们应该给孩子独立的空间，让他自己往前走，不要什么事都插手，让他做自己力所能及的事。

3. 适当让孩子自己做决定

很多时候妈妈总是习惯于没有获得孩子认可就替孩子做各种决定，长此以往，孩子就会变得缺乏自主性，同时养成什么事都依赖大人的习惯，一旦大人不在身边，就不知道怎么办。

"懒惰"妈妈养出勤快孩子

孩子每天晚上花了不少时间写家庭作业，为什么老师总是说他做得不好？

孩子明明已经很努力了，为什么分数怎么也提不上去？

解题方法教过孩子很多遍，一转眼为什么又不会做了？

妈妈们往往在孩子学习这件事上用错方法，用力过猛，结果让孩子对学习没了兴趣。

其实，有时候，不是因为你做得不够好，而是做得太好了。

豆皮儿5岁的时候，我不再陪豆皮儿去幼儿园，因为我想着豆皮儿稍微大一点儿，有些事情可以自己做了。可是幼儿园老师跟我反映的情况让我很担心，老师说豆皮儿吃饭时会把饭粒弄得哪里都是，自己的小桌子也乱七八糟。总之，相比其他孩子，豆皮儿的自理能力很差。

听了老师的话我明白是我的原因：每次豆皮儿房间乱的时候，我都是二话不说就帮他打扫干净；当豆皮儿想吃水果的时候，我立马把水果切好放到他面前；当豆皮儿想出去玩的时候，我都会帮他整理好玩具……

孩子的自理能力是需要从小培养的，但是如果妈妈太过勤劳，就很容易让孩子失去自理能力。来说说喂饭那些事。在旅行途中，你会看到很多欧洲的孩子不论大小，几乎是只要自己能拿稳汤匙就会自己吃饭。那么，国内呢？

我们常常发现身边有些孩子都4岁了，家长还在喂饭。为什么？因为你不喂他就不吃。作为父母，我们常常想的是：再怎么样也不能让孩子饿到！于是，就只能由着他了。

学习上也是一样，总觉得管得越多越好，事事操心、事事包办。我父母从小就不"关心"我的学习。上小学第一天，我母亲就对我说："学习是你自己的事，作业忘了做、考试考不好，老师批评的是你不是我。"所以我从小都是自己做作业，自己检查，自己整理书包。从来不会丢三落四，学习成绩也一直很好，完全不用父母操心。我母亲把学习的责任交还给我，让我觉得学习是我自己的事，我才能养成良好的学习习惯，才能学得轻松，学得有乐趣。

如果学习成了父母的事，孩子没了主动性、积极性，又怎么会学得好呢？家长和孩子其实是互补的，当你做了 90 分，那么孩子就只会有 10 分。你都做满了，孩子还会有发挥的余地吗？

孩子正在写作业，遇到一个不认识的字，于是问你："妈妈，这个字念什么？什么意思呀？"

一般的妈妈随口就告诉孩子答案了，换来孩子一句"谢谢！"；差一点儿的妈妈甚至会说"你学的什么？这么简单都不认识？"；优秀妈妈则会假装无知地告诉孩子"哎呀，这个字妈妈也不是很懂，这样吧，咱用字典一起查查吧！"

一股脑儿说出答案会加剧孩子的"依赖性"，让他以后遇到问题变得懒于思考，甚至连工具书都懒得翻。训斥、贬低孩子就更要不得了，一旦被打击得很自卑，别说解决问题了，很可能连学习都变得没兴趣。

老话说得好，过犹不及。我们别总是催着孩子多学一点儿，而是应该让孩子学个"七分饱"，学完还想学。这样，学习就会变成一件主动而有乐趣的事。

所以，适时表现一下自己的"无知"是很有好处的，能够激起孩子动脑、动手的欲望，有利于培养孩子独立解决问题的能力。

每个孩子都认为勤劳的妈妈是世界上最好的妈妈，但是恰恰是妈妈的勤劳，让孩子变得越来越懒惰。因此，妈妈要学会适当偷懒，这样才能养出勤快的孩子。那么妈妈究竟应该怎么做呢？下面是两个小技巧。

1. 给孩子锻炼自己的机会

很多妈妈总是过于担心孩子做不好一些事情，比如幼儿园留了手工作业，我们怕孩子因完不成而变得沮丧，于是主动帮孩子做。可是这样虽然让孩子赢得了同学的羡慕，但也让孩子失去了锻炼的机会。

在能够锻炼孩子的事情上，我们应该适当放手，让孩子早一些接受锻炼，孩子才能早一些成长。

2. 让孩子适当做家务

自从得到老师的反馈后，我开始主动让豆皮儿帮我做一些力所能及的事，第一件事就是家务。刚开始的时候我会吩咐他把地拖干净，然后跟他说等我回来的时候有奖励。豆皮儿有时做得很好，有时也应付了事。经过几次教育，渐渐地豆皮儿也就认真起来了。

帮助孩子面对感受的 4 个技巧

我的宝宝豆皮儿很喜欢和我说话。在他还说不清话的时候，他就常常跑过来，咿咿呀呀地说很多。我总是看着他的眼睛，点点头，鼓励他继续说下去。

父母的及时回应对孩子来说特别重要，这能帮助孩子学会表达自己的情感，梳理自己的情绪与感受。来看下面两段对话。

对话一

孩子："我真讨厌我们班的小苹果。"

父亲："为什么？"

孩子："他把我的东西扔到了垃圾桶里。"

父亲："你是不是先招惹他了？"

孩子："没有。"

父亲："真没有？"

孩子："我发誓我根本没碰他。"

父亲："不要计较这件事，你自己也有问题，你有时候也欺负弟弟还责怪他。"

孩子："我没有，是他先动手的，不和你说了。"

对话戛然而止，父亲和孩子都感到委屈，难以理解对方。

对话二

孩子："我真想打小苹果一巴掌。"

父亲："你生气啦？"

孩子："是的，我很生气。"

父亲："你为什么这么生他的气？"

孩子："他无缘无故抢我东西还把东西扔到垃圾桶里。"

父亲："这样啊。"

孩子："他肯定怀疑我也扔过他的东西。"

父亲："是这样吗？"

孩子："我没有动过他的东西，但他不相信。"

父亲："你觉得你告诉他真相，他也会不相信你吗？"

孩子："我应该告诉他，我觉得他应该向我道歉，不该把我的东西扔到垃圾桶里。"

对话一中，父亲没有很好地理解孩子的感受，结果父子间的对话戛然而止。对话二中父亲从孩子的角度出发，试着去理解并回应孩子的感受，最终让孩子自己找到了解决问题的方法。

其实比语言技巧更关键的是我们的态度，如果我们没有真正地和孩子产生共情，无论我们说什么，在孩子眼里都是虚伪的，或者把我们对他的关心看成是对他的控制。因此，只有我们真正与孩子共情才能打动孩子。

那么当孩子有情绪的时候，怎样才能帮助孩子面对当下的感受呢？以下是 4 个小技巧。

1. 全神贯注地倾听

首先作为家长，我们应该是好的倾听者，而不能让孩子觉得他和我们没话可说。因此当孩子想要和我们说事情的时候，一定要耐心倾听。

2. 回应孩子的感受

在倾听的过程中可以用"哦，嗯""这样啊"等来回应孩子的感受，这样孩子就会觉得我们是在认真地听他说话，并理解他现在的感受。

3. 说出孩子的感受

有时候孩子因为年龄小，还不能准确表达出当下自己的感受，又或者孩子因为不好意思而扭扭捏捏不说话，这时我们应该帮助孩子说出他的感受。

4. 帮助孩子找到解决问题的方法

最后一步是帮助孩子找到解决问题的方法，比如如何发泄不好的情绪，怎样做才是最理智的，等等。

鼓励孩子自立的 6 个技巧

　　育儿书中都提到让孩子保持独立，帮助孩子成为一个独立的个体是家长培养孩子的一个重要目标。只有这样，有一天当孩子离开我们的时候才能独当一面。

　　其实这个道理很多家长都明白，我也明白，可是在教育孩子这件事上，我还是犯了错误。

　　在豆皮儿刚上幼儿园的时候，我几乎每天都到幼儿园陪豆皮儿。有一天我把豆皮儿送到幼儿园，这时朋友打电话过来说有急事，我只好再三叮嘱老师照顾好豆皮儿。在我走后，豆皮儿要上厕所，可是迟迟不肯去。

老师问豆皮儿："你为什么不去上厕所呢？"

"因为妈妈不在这儿。"豆皮儿说。

老师露出一个奇怪的表情，豆皮儿又说："因为我每次上完厕所，妈妈都给我鼓掌。"

"你可以上完厕所，自己给自己鼓掌呀。"老师想了几秒钟说。

听到老师这么说，豆皮儿瞪大眼睛，感觉很新奇。而且真的自己去上厕所了。

当然这都是后来老师告诉我的事，不过我从这件事意识到了让孩子学会独立的重要性。

为什么让孩子学会独立很重要？举一个例子，如果孩子的任何事我们都包办了，并经常对孩子说："多吃吃蔬菜，蔬菜对你的身体有好处。""快放下碗筷，我来洗。""来，我给你把拉锁拉上。"……那么可以想象 20 年后的某一天，孩子可能会打电话给我们，问："我的衣柜有 10 套衣服，我今天需要穿哪套？"这是一件很可怕的事。

很多孩子习惯了家长包办大小事务，小到穿衣吃饭，大到去哪儿上大学、和谁结婚这样的人生规划。虽然我们都意识到了要从小培养孩子的独立自主性，但是往往却在孩子每天上学穿什么，在家吃什么，或者买什么玩具等一些小事上替孩子做主。"吃过的盐比你吃过的饭还多。""你还小，你不懂。""这件事你得听我的。"……这些话无异于剥夺了孩子独立自主的机会。

我们作为家长，要做的是相信孩子，并给予鼓励，渐渐地，你会发现孩子的身上也有我们意想不到的闪光点。那么如何让孩子成为一个自立的人呢？下面是几个小技巧。

1. 让孩子自己做选择

让孩子选择穿搭衣服的方式，哪怕这方式看上去有些滑稽；让孩子选择自己喜欢的绘本，哪怕这些绘本看起来只有情绪没有意义；让孩子选择自己喜欢的兴趣爱好，哪怕这兴趣爱好看起来荒诞可笑；等等。

2. 尊重孩子的努力

尊重孩子的努力，比如瓶子不容易打开是因为方法不对，这时不要说孩子如何笨之类的话，而是应该引导孩子用其他方法打开瓶子。

3. 不问太多的问题

当孩子想做一些事情的时候不要东问西问，而是应该在保证孩子安全的基础上鼓励孩子去做。

4. 别急着告诉孩子答案

当孩子遇到难题的时候不要急着告诉孩子答案，而是对孩子说："这是个有趣的问题，你是怎么想的？"

5. 鼓励孩子善用外部资源

当孩子遇到难事的时候，可以让孩子寻找其他人的帮助。

6. 别打击孩子的自信心

当孩子说想试试当班长的时候，告诉孩子这是个不错的经历，不要打击孩子的自信心。

将孩子从角色释放的 5 个技巧

我身边不少父母都羡慕别人家里有个懂事听话的孩子，再看看自己家的皮孩子，气不打一处来。

如果孩子在该天真烂漫的年纪却失去了童真，你知道代价有多大吗？

邻居大刘是一个职业女性，"空中飞人"，每年都要到全国各地去出差。她在孩子小鱼 4 岁的时候，和老公离了婚。

当其他同龄的孩子还在爸爸妈妈的怀里撒娇的时候，小鱼却有着超越年龄的成熟，她对身边的小朋友说："我觉得爸爸妈妈离婚挺好的，我再也不用担心他们吵架了。"

小鱼长大了，大刘逢人就说："我和孩子是最好的朋友，我们是幸福合伙人。"

小鱼特别懂事，什么事情都以母亲为模板，照着做，从穿衣打扮到说话的语气再到自己选择的爱好。她说："母亲是一道光，而我就是追光者，母亲把自己活成了太阳，我就变成了光。"

小鱼不吵不闹又听话，还经常为母亲着想。

母女两人在国外的街头因一点儿小事吵起来时，母亲不由分说扭头就走，而小鱼则因担心不懂英语的母亲走丢在异国的街头，只能紧紧跟随……

后来，母亲总是把这件事情作为谈资，觉得自己的女儿很优秀。可是这些事情都给小鱼的人生埋下了不幸福的种子。在社交中，小鱼从来不会主动交朋友，所以小鱼的社交圈子很窄；在公司里，小鱼从来都是最不起眼的那个人，在一家公司待了5年仍然得不到老板的赏识；在婚姻中，她总是小心翼翼，结果把婚姻也弄得很糟糕。总之，小鱼因为受到母亲的影响，自己的人生轨迹完全变淡了。

孩子的本性就是吵吵闹闹，不吵不闹的孩子都是被无情地剥夺了童年，这样的人生哪里来的幸福呢？有的人在童年被治愈，而很多人却需要用一辈子来治愈童年留下的伤口。

心理学家海灵格常常在家庭排列系统中让来访者对父母说：

"你是大的，我是小的。"

他认为，所有的爱都是给予，父母把爱给予孩子，而孩子再把爱一代代传递下去，这样才是爱的流动。家庭排列系统研究的对象是"爱"，此处的爱是指"可以传承生命的爱"，即两性之爱、亲子之爱、家族之爱。

把孩子当成孩子，让爱从上往下流动，父母是大的，孩子是小的，在该吵闹的年龄闹一下，这才是童年。

国内学者望欣做过一个关于教养方式对学生焦虑水平的影响的调查，结果表明，父母温暖的情感、理解与儿童的焦虑有显著的负相关；父母的拒绝否认，过度保护，过分干涉，严厉惩罚与儿童的焦虑水平有显著的正相关。

父母的教养方式归结起来主要在两个方面表现出差异：一是父母对待儿童的情感态度；二是父母对儿童的要求和控制程度。

美国心理学家麦考比和马丁概括提出了家长教养方式的四种主要类型：

权威型下高控制、情感上偏于接纳和温暖的教养方式，对儿童的心理发展带来了许多积极的影响。这种教养方式下的孩子多数独立性较强，善于自我控制和解决问题，自信心较强，喜欢与人交往。

专断型方式下教养的儿童大多缺乏主动性，容易胆小，自信心较低，不善于与人交往。

放纵型方式下的孩子往往具有较高的冲动性和攻击性，行为缺乏自制，自信心较低。

忽视型教养方式下的儿童也容易具有较强的冲动性和攻击性，不顺从，且很少替别人考虑，对人缺乏热情与关心，这类孩子在青少年时期更有可能出现不良行为。

另外，心理暗示也在家庭教育中扮演着重要的角色。例如，如果你给一个孩子贴上反应慢的标签，他就觉得自己反应慢；如果你觉得一个孩子淘气，他就会向你展示他有多淘气。父母聚会时总会有家长这样说：这个孩子天生比别人差一点儿；这个孩子性格内向，不理人；这个孩子和他爸爸一样懒散。在这种标签下，孩子慢慢地对号入座，就变成了不受欢迎的人。

那么怎样才能让孩子从父母规定好的角色里释放出来呢？以下是 5 个小技巧。

1. 找机会让孩子看到一个全新的自己

比如对孩子说："你特别聪明，妈妈教一遍你就会了。"

2. 创造机会让孩子另眼看自己

比如自己忙的时候对孩子说："你能帮妈妈把水瓶拧开吗？"

3. 让孩子无意中听到你对他的正面评价

比如和其他家长聊天的时候说："虽然打针的时候很疼，但我家宝宝还是一直举着胳膊一点儿都不害怕，真的好勇敢。"

4. 记住孩子的一些特别的时刻

比如当孩子因为某事遇到挫折的时候对孩子说："我记得你小时候特别勇敢，摔跤都能自己爬起来，从来不哭。"

5. 当孩子又按照原来的方式行事时，表达你的感觉和期望

当孩子和同学比赛输了却一直不认输时，可以对孩子说："我不喜欢你这样，虽然我们输了，但我希望你能去反思，去总结，下一次做得更好。"

要告诉孩子关于人生的几个真相

很多父母拼命赚钱是为了给孩子提供更好的生活环境，但物质条件好只能提高一定程度的生活水平，却不一定能成为孩子一生的财富。聪明的父母，都懂得告诉孩子关于人生的一些道理。

与豆皮儿爸相比，我一直觉得自己陪孩子的时间更多，付出的也最多，比如孩子的吃喝拉撒等。但是我却发现豆皮儿经常不听我的话，更喜欢听爸爸的话。爸爸让他去学习就去学习，让他乖乖吃饭就乖乖吃饭。我一直觉得这里面有什么奥妙所在。

有一天我在书房整理的时候，看到了豆皮儿爸爸的笔记本，上面除了一些日常记录外，我还惊奇地发现了豆皮儿爸爸的教养日记，里面有很多是关于人生道理的。这时我才明白原来老公对豆皮儿的爱一点儿都不比我少。

家庭教育是孩子的第一课堂，父母是孩子的第一任老师。作为家长，我们不仅要关注孩子的身体健康，还要关注孩子的心理成长。这一点我确实要向豆皮儿爸爸学习，在豆皮儿爸爸的教养日记里，有很多值得家长去学习的观点和教给孩子的道理。那么在孩子的成长过程中，我们要教给孩子哪些道理呢？以下是总结出的 7 个小道理。

1. 读书不苦，不读书的人生才苦

读书不是为了别人，是为了自己，通过读书来给自己谋取一个好的前程。

十年寒窗苦一时，不读书，苦一世。无论什么年代都需要将不断学习作为一种信仰，成为更好的自己。

2. 可怕的是比你优秀的人比你更努力

时间是公平的，每个人的每天都是 24 小时，但有人能充分利用时间，在有限的时间里创造最大化的价值。

你打游戏的时候，别人在用功学习；你看电影的时候，别人

又掌握了一个新技能。你不小了，很多事情放到明天做就来不及了。把希望寄托在明天只会等到绝望，这个社会从来不养懒汉。

等他人通过努力实现了时间、财务自由，已经去四处旅行，而你却还要为生计奔波，担心失业，担心中年危机，过着一地鸡毛的日子。

优秀且努力的人活得很明白，这个世界上比自己优秀的人太多了，如果不努力，就自然会被淘汰，永远都追赶不上你前面的人，勤能补拙，努力是可以改变人生的。上一代没有的条件可以靠后天创造。富不过三代，穷也不过三代。

人生总会遇到很多挫折，让你觉得疲惫。但优秀的人会懂得，如果现在不努力，以后只会活得更累。

3. 管住嘴，迈开腿

不要一边说自己很忙没时间去锻炼身体，一边沉溺于游戏无法自拔。小小年纪宅在家中，抱着垃圾食品，看着无聊的动画。

运动不仅仅是为了强身健体，更是为了保持一个好的状态。一个坚持去运动的人有着强大的意志力，不轻言放弃，永远也不要小瞧坚持的力量。绳锯木断，水滴石穿。

用心去生活吧，生活会给你最好的馈赠。

4. 你可以输，但不可以放弃

我们抗争命运的过程，赋予了人生新的意义。

《长江七号》里，落魄的爸爸对孩子说："没有梦想的人生，与咸鱼有什么不同？"无论生活多糟糕，他与孩子都认真地生活着。

孩子，当你满头白发时，忆往昔峥嵘岁月，年少时为梦想拼搏的日子，才是人生最美的样子。

人生如坐过山车一般，有起也有落，人生不会是一路平坦，总会有荆棘，一次的成功也不能代表什么，不要骄傲。而一次的失败也不代表你不行，要越挫越勇。

永远不要缺少从头再来的勇气。不言弃，不言败。

竭尽全力做你该做的事情，不要被一时的失败羁绊，你要相信，坚持了，命运自然会给你应得的奖赏。

5. 坚持做自己

随波逐流容易，特立独行难。

这个世界上，每个人都是独立的个体，大家成长环境不同，经历不同，看待事物的思想也不同。所以我们不能强求别人跟我们的思想一致，或者强求别人喜欢我们。

生命的形式千姿百态，记得你就是独一无二的存在，做你自己，不必太在意他人的看法。

不忘初心，方得始终。保持一颗赤子之心。

6. 别在该学习的年纪贪玩

孩子你说学习好苦好累，你只想看电视出去玩儿，用最舒适的方式度过自己的一生。

可是孩子，在该吃苦的年纪不要去虚度光阴，不然到了该享受的年纪，你就会痛苦不堪，你未来的道路就会异常坎坷。

放纵是人类的天性，克制才是人的理性所在。你的克制，使你与众不同，你会得到命运的馈赠与奖赏。

不论是克制哪一种欲望，命运会让你知道，自律的孩子值得更好的人生。

7. 善良里带点儿锋芒

我们应该善良，但是，必须有自己的底线。如果不是用在对的事情和对的人身上，宁可不要善良。

我们都欠孩子一堂"告别课"

据统计，每年约有 5000 万人死亡，换算下来，每 1 秒钟就会有 1.8 个人死亡。你看完上面这句话后，已经有几十个人离开了这个世界。

死亡，每一天都在真真切切地发生。

加州的迪士尼中，不少游客在里面撒亲人的骨灰；马航的来不及道别；亲人的逝世……我们欠孩子一堂告别课——我们该用什么方式来教孩子面对死亡。

有人说，孩子年纪太小，和孩子讲述死亡的话题有必要吗？匈牙利心理学家纳吉将儿童对死亡的概念分为 3 个阶段：3 岁以下的儿童无法分清楚死亡和分离，常会产生分离焦虑；3 ～ 5 岁的儿童不了解死亡是正常的；5～9岁的孩子懂得死亡是生命的终点，会用拟人方式来看待死亡，比如认为死亡是被"鬼差"抓走了。由此可见，孩子在小时候已经接触到有关死亡的话题了。

其次，孩子在成长中，难免会经历与"死亡"相关的事情：小到家里养的小宠物死了，大到亲人的离世。很多父母面对孩子疑惑的眼神和"为什么会死"的问题时，都不能很好地进行解答。因此，作为家长，我们应该好好和孩子聊聊生死观这件事儿。

隔壁邻居明明的奶奶去世了，明明陷入不安与恐惧之中，他从小是由奶奶带大的，与奶奶感情很好。奶奶的过世对他的影响非常大，他整天不说话，低着脑袋。

明明妈妈给他讲"星星的故事"，星星就是奶奶，奶奶会在天上一直看着明明，陪着明明长大。

小家伙听了这个故事后，每次想到奶奶的时候就会看着天空，表达他的哀思。

明明妈妈的做法让我想到了一部电影——《再见我们的幼儿园》。在电影中，小朋友们自发寻找洋武。在几次没有从老师那里问出洋武的情况下，康娜、俊君、美琴、优衣和拓实这五个孩子决定长途跋涉，去医院看望洋武，共同为他举行一场毕业典礼。在这个电影中，洋武说过一句话："死亡就是去比黑夜更黑的地方。但是有个叫梵高的地方不会漆黑一片，有蓝色的天空和旋转的星星。"

每个人都是一本书，出生是封面，死亡是封底。我们虽无法改变封面前和封底后的事情，但书里的故事，我们却可以自由书写。

父母们应当引导孩子树立正确的生死观，面对生的美好也能面对死的无常，珍惜才是正解。那么在日常生活中，有什么办法可以教孩子正确认识生老病死呢？以下是几个小技巧。

1. 告诉孩子人生的道理

告诉孩子死亡并不可怕，可怕的是在暮年将至的时候还留下很多遗憾。而且也正是因为有期限，生命才显得难能可贵。

2. 让孩子了解死亡

和孩子一起观察"蝴蝶的一生"，看到生命的不同阶段，教孩子认识死亡是任何生命都要经历的一个过程。

3. 跟孩子一起看绘本

跟孩子一起读绘本《蜗牛快递》《奶奶的护身符》等，让孩子认识到生命的价值。给孩子安全感与想象力。

第六章

学会接纳的家庭更幸福

世界上有三观完全相符的家庭吗？没有。只是幸福的家庭不争对错罢了。一个幸福的家庭，家人间会相互接纳，相互体谅，互帮互助，共同面对人生里的风风雨雨。当家人的幸福大于坚持三观的时候，对错已经不重要了。

不做有毒的父母

近年来，关于"原生家庭"的话题不衰，成年后的孩子开始觉醒，开始反省在成长过程中遭受的种种伤害，网上甚至有自发组成的小组，叫嚣着父母皆祸害。有人提问"怎样降低或完全摆脱原生家庭对自己的负面影响"，里面有一个高赞回答：

一、人心有着强大的自我修复功能。不要随便说出"我觉得我这辈子再也不会好了"这样的话来，要相信人类之所以能够成为高等动物，不是靠虫子那样的繁衍，而是靠智慧。

二、父母只是普通人！

三、想想你未来的孩子。

这三条对，但也不全对，我们一起来看看什么样的父母是有毒的父母。

我的朋友丽丽是一位相貌出众、温柔善良的女子。可是我却知道，她一直以来受到心理健康问题的困扰，她从高中开始就阵发性地头晕、心慌不适，而这种现象随着年龄的增长越来越强烈，最近她更是辞掉了工作，安心静养。那么是什么原因导致了丽丽现在的问题呢？

原来是因为丽丽的父母。小时候丽丽的父母对丽丽很好，但是当丽丽犯错的时候也会严厉地责罚她。而丽丽的妈妈是一个情绪不稳定的人，很容易发火。有一次丽丽不小心把妈妈刚买的花瓶打碎了，妈妈把她关到了屋子里，直到丽丽大喊我错了才被放出来。

类似的事情还有很多。比如丽丽在吃饭的时候不小心把米饭掉到了桌子上；考试的时候因为粗心没考好；在学校和同学发生矛盾；等等。不管是不是丽丽的错，妈妈都会把错误怪到丽丽头上，然后惩罚丽丽。妈妈说这样做是为了她将来能成为更好的人。

在妈妈的严厉管教下，丽丽确实学习很努力，成绩也很优秀，但是心理的阴影却越来越重。然而让我奇怪的是，丽丽并不责怪自己的父母，反而说当初的责罚是为了她好。

父母在我们心里种下了精神与情感的种子，它们会随我们一同成长。在有些家庭里，父母种下的是爱、尊重和独立，而在另一些家庭里，则是恐惧、责任或负罪感。

有很多家长，他们的负面行为是持续存在的，始终支配着孩子的生活，这些就是伤害型父母了。苏珊·福沃特尝试找一个词来描述这些伤害型父母所具备的共性时，头脑中最终选定了"有毒"一词。这些父母加之孩子的情感伤害，像化学毒素一样蔓延，持续伤害着孩子的身心。

前有北大留美硕士万字长文控诉父母，指出了父母的逼迫有毒。不幸的是，国内大多数父母都有毒，他们有着自己的一套私人逻辑：他们往往会把孩子的反叛甚至个性差异视为对自己的人身攻击，通过强化孩子的依赖性与无助感来维护自己。

在这样的管教方式下，孩子便中毒了：自尊心受损，以及由此引发自我毁灭式行为，大部分的人认为自己毫无价值、不讨人喜欢且一无是处。

然后我们发现，很多孩子并不会责怪父母，反而觉得父母所做的一切都是为了自己好，就像丽丽那样。那么为什么孩子受到了伤害却不怪父母呢？

荣格有一个术语叫"阴影"，指的是不能在阳光下呈现的心理。父母制定规则，孩子就会沿着他们制定的规则恪守他们定下的原则。在这种教育方式的支配下，孩子们渐渐意识不到父母的这种教育方式是不对的，甚至还会为父母辩解：母亲脾气大只是因为孤独，当时我能多在家陪陪她就好了；父亲打过我，但他不是真的想伤害我，只是想给我一点儿教训；母亲不理我，因为她的生活已经够糟了；父亲冲我大喊大叫，是因为母亲喋喋不休；等等。

所有这些合理化的解释都有一个共同点：将不可能接受的事情变为可接受的。这种教育方式表面看起来很有效，但在孩子的内心深处，也许埋藏着"炸弹"。

因此，无论如何我们都不能做这种有毒的父母。那么在教育孩子的过程中，怎样才能避免成为有毒的父母呢？以下是几个小技巧。

1. 认识到自己也会犯错

在和孩子沟通的过程中，很多父母会陷入一个错误的认知过程中，即自己说的、做的都是对的。然而从孩子的角度看，有时候我们的做法并不对。作为家长，我们要深刻认识到我们自己也会犯错，即使在孩子面前，我们也不可能永远是对的。

2. 尊重孩子的想法

孩子其实是很讨厌唠叨、讲大道理的父母的，但是很多家长总以自己的经验为由，向孩子灌输自己认为正确的道理，并要求孩子服从。其实作为家长，我们更应该尊重孩子的想法，即使孩子犯错跌倒，也要让他们学会试错，在摸索中成长。

3. 让孩子了解父母

没有人是完美的，作为父母的我们也有各种各样的缺点，让孩子了解我们的脾性，我们的缺点在孩子心中才有可能成为容易辨识的特点，而不是成为让他们恐惧的源头。

三步创设良好的家庭氛围

美国作家奥古斯都·纳皮尔与卡尔·惠特克的长篇小说《热锅上的家庭》给了我极大的启发，它让我了解了什么是家庭治疗，更让我知道了家是一个整体，家庭好，每个人才会更好。

有句歇后语叫作"热锅上的蚂蚁——团团转"，说的是一个人手足无措的样子，我们想想看，如果一个家庭处在热锅上，那么给孩子造成的影响是很大的。

朋友的孩子峰峰上小学一年级，因为峰峰和豆皮儿的关系很好，所以两个孩子经常一起玩儿。最近豆皮儿说峰峰因为在学校调皮，不听老师的话，被叫家长了。在峰峰父母的眼里，峰峰是个不听话的坏孩子。其实通过和峰峰的接触，我看出峰峰之所以这样和他的父母是脱不开关系的。

峰峰父母的感情一直不是很好，经常吵架甚至动手，每次峰峰看到都很害怕，所以才经常到我家和豆皮儿一起玩儿。

家是一个互相牵引的系统，问题不是单独出现的，孩子的不快乐通常来自充满压力的家庭。在问题家庭中成长起来的孩子有很多共性，具体可以分为四类：第一类是好孩子。好孩子多数在学业、事业上取得了优秀的成绩，表面上很成功很强大，但却有一颗孤独悲伤的心。

第二类是失落的孩子。他们安静内向，表面上看起来脾气好，不会给别人添麻烦，但实际上内心孤独抑郁。第三类是问题孩子。问题孩子用一种过激的方式揭露家中的问题，成为家庭的矛盾中心，他们常常被责怪，得不到支持，内心十分无助。第四类是吉祥物。这类孩子就像家庭的调节剂一样，为了应对家庭问题，他们故意搞笑，打破僵局，幽默的背后，其实是难以愈合的创伤和无处释放的情绪。

《热锅上的家庭》给了我们一种思考家庭问题的方式。传统观点把家庭视为个体的总和。现在，有新的观点认为，家庭应该是类似于生物的完整的有机体，是有着独特的内部结构、运行规则和目标体系的"完整体"。

家庭系统是存在的，每个家庭有着自己在长期经营过程中形成的结构体系、步调方式和运行规则。虽然这些系统结构没有生物系统那样直观，但在其表现出来的诸多细节中，能发现端倪。

家庭成员就座的方式、交谈的方式、语调、对生命的看法等，都是家庭结构、运行规则的一种表现。很多困扰往往是一家人共同酝酿出来的，家庭犹如一个小型生态系统，家人之间的作用力此消彼长，每个人都在使劲，每个人都有份儿。

家庭治疗便是针对这一体系的治疗手段。作为精神卫生和心理咨询中的一种方式，它以家庭作为治疗对象，除了在操作上需要每一位家庭成员参与外，更重要的是它将治疗哲学由注意个人扩展到家庭整体。

中国人的家族捆绑概念根深蒂固，对于家庭成员之间那种毫无保留的无条件支持，要求很高。所以我们经常会听到这样的话："我为你付出了这么多，为什么要你为我做这点儿事都不行？""我以为你会支持我，你让我太失望了。"

原生家庭的一个重要任务就是，让我们发现自己，做自己，并且保持亲密关系。心理治疗师把这个过程叫作"分化"。只有成功"分化"的人才能够修正原生家庭的影响。

常见的一种吵架模式是父母各执一词，孩子在中间哭泣。孩子哭泣后，父母会冷静下来。这是一种家庭关系的错位，父母并没有站在自己该站的位置上。

我们都希望在生命中存在一个人——这个人可以让我们寄托真心，可以一直支持着我们，可以与我们分享兴趣，可以真心欣赏我们。可是很多时候，当不能够从伴侣身上寻求到这种情感满足之时，很多人就把这种情感需求转移到自己的孩子身上，以爱之名，将这个孩子变成了那个被选定的孩子。

父母在纠缠的亲子关系中有种"配偶化"的倾向。在孩子身上寻求陪伴和亲密，甚至伴有反常的接触。孩子此刻处于绝对劣势，他们的自我意识还没有完全建立起来，需要与父母建立联系，但是作为父母的一方就利用了这个关系。

一些父母会与孩子养成相同的作息习惯，而忽视自己的伴侣。会常年和孩子交流自己的工作、人生计划，但是孩子此时并不具备能力去应对这些问题。

最后，这种错位会演化为"家庭联盟"，父母中的一位与孩子形成联盟，通过批评或无视来削弱另一位的权威，或者常常将另一位排除在他们两人的沟通互动之中。

在一些家庭中，夫妻关系不好的父母通常会拉拢孩子作为自己的同盟，将孩子拖至他们之间的矛盾中。孩子将会过多承受来自父母矛盾的压力。

父母关系不和的家庭中，父母中的一位长期与孩子形成联盟，经常借助这个孩子来抱怨和贬低另一位父母。孩子没有足够的能力去面对家庭矛盾带来的压力，很容易产生消极的情绪。

在这样的情况下，孩子也会逐渐形成对另一位父母的消极评价，从而使家庭关系进一步恶化。而孩子也容易习得这种夫妻相处的模式，这为孩子将来经营自己的婚姻也会带来消极的影响。

那么如何使家庭关系回归正轨呢？下面是 3 个小技巧。

1. 家庭成员提高自我觉知

在纠缠的亲子关系中很难意识到问题所在，但是通过这种关系的特点，我们可以初步对自己和父母的关系，或者自己和孩子的关系进行分析。可以向一个信得过的朋友寻求帮助，让他以一个局外人的身份对自己的关系进行一个比较客观的评价。

2. 从曾经的纠缠亲子关系中治愈自己

反思自己和孩子相处的过程，不管是发生过多么不愉快的事，都要以接受的态度去感受。这些新的情感体验会让我们更清楚地认识到自己接下来该怎么做。

3. 善于创造和谐相处的家庭关系

    不良的家庭氛围会加剧孩子在争斗环境中形成野蛮的行为，比如孩子可能会在学校打架。为了给孩子的成长创造一个良好的环境，家庭成员之间应该和睦相处，互相关心，互相爱护。同时，父母也要多关注孩子的成长，多倾听孩子的意见。

减少原生家庭对孩子的影响

洛克说:"每个人来到这个世界上,就像一张白纸一样。而后,他的生存环境开始给他上色,他的环境是什么样的,他就会变成什么样的人。"

人这一生,会经历两个家庭:一个是出生和成长的家,一个是长大成人后自己组建的家。第一个家就叫作原生家庭。

一提起原生家庭对人的影响,很多人首先想到的就是:贫困和富有。对于家庭来说,金钱固然重要,可比金钱更重要的是良好的家庭氛围。

在心理学中,有这样一个理论:我们的亲密关系、婚姻、情感模式往往来自于童年时期与父母之间互动的心理经验。

生活在争吵家庭里的孩子存在不可逆的性格缺陷：对人生充满了悲观、不懂如何去表达、严重缺乏安全感。

同事小郑总是和老婆在家争吵，他性格沉闷，遇事喜欢往心里藏，但憋久了就会爆发，闹得家庭非常不愉快。他的孩子性格内向，在学校里总受人欺负，每隔一段时间就会被老师叫家长说他欺负同学。问孩子为什么不在一开始时说出自己的不愉快，孩子说："爸爸就是这样的。"那一刻，小郑才意识到自己的所作所为在孩子的心中留下了那么深的烙印。

父母吵架带给孩子的心理伤害往往能够延续到他们成年以后，由于经常目睹父母的相处方式，他们开始不相信爱情或者很难对异性产生信任。现在我们看到很多成年人不愿意谈恋爱也不想成家，是因为他们没觉得结婚有多幸福。而这样的观念很可能是受到了原生家庭的影响。

原生家庭对孩子成长的影响是很大的，因此想培养一个好性格的孩子，作为父母的我们就要从自身做起，不要让原生家庭影响到孩子。那么我们怎么才能减少原生家庭对孩子的影响呢？以下是 3 个小技巧。

1. 给孩子制造爱的氛围

孩子最好的成长教育便是父母彼此深爱：一个爸爸对孩子最好的爱，就是好好疼爱孩子的妈妈；一个妈妈对孩子最好的爱，就是欣赏并崇拜孩子的爸爸！

2. 以身作则给孩子树立榜样

在实际的教养过程中，很多父母犯的错会在孩子的身上投射出来。因为孩子就像是一面镜子，父母种什么因，就得什么果，照出家庭教育的种种弊病。

不爱看书的父母教不出有阅读习惯的孩子；花钱大手大脚的父母教不出勤俭节约的孩子；爱打麻将的父母教不出惜时惜金的孩子；脾气暴躁的父母教不出心智成熟的孩子；说话刻薄的父母教不出体贴谦让的孩子；自傲自满的父母教不出谦虚有礼的孩子。

教育讲究言传身教，父母应先成为那样的人再在举止中影响孩子。希望孩子有怎么样的品质，父母就要达到相应的高度。

3. 与孩子做朋友

好的父母应该与孩子做朋友，在交流时做到"平起平坐"而不是靠打压。比如当孩子犯了错的时候，不要居高临下地去责骂孩子，而是和孩子一起弄明白事情的原委，然后找到解决问题的方法。

召开家庭会议，培养孩子的幸福感

凡事预则立，不预则废。

工作中，我们少不了各种会议，用来总结之前的成果或者计划下一步的行动。同样地，在以父母、孩子为核心组成的家庭里，家庭会议也少不了。父母通过提议把问题放到家庭会议的议程上去解决，能避免与孩子的很多争吵，也能解决绝大多数的问题。

定期召开家庭会议是一个家庭能做的最有价值的事情之一，家庭会议能为塑造孩子的优良品格提供机会，并能传递有价值的社交和生活技能。

所谓仪式感，就是用庄重认真的态度去对待生活里看似无趣的事情，发掘生活中更多的乐趣。

电影《小王子》里有这样一个片断：小王子第一次遇到狐狸时，狐狸告诉他，相识是需要一定的仪式的，这非常重要，因为伴随着这个仪式，很多原本无关紧要、可有可无的东西就会被赋予意义。

小王子问狐狸："仪式究竟是什么？"

狐狸告诉他："它就是使某一天与其他日子不同，使某一时刻与其他时刻不同。"

家庭会议带给孩子仪式感，有仪式感的孩子将来才会幸福。有人在知乎上问"仪式感对于孩子来说到底有多重要"。有一条回答引来点赞无数：在一所国际学校，孩子们在学校里享受到他们独享的五个节日：冰激凌日、联合国日、毛茸茸玩偶日、睡衣日和间谍日。除此之外，学校还会和家长沟通如何营造"家庭仪式感"。

仪式感的形式可以有很多，我们家长要做的，就是积极地建立和维护孩子的幸福感。对于孩子，看到家庭的温馨，他们就会对美好生活抱有尊重和向往；将家庭的仪式感展现在他们面前，他们就会感受到家人的在意和深爱。

我们传达给孩子怎样的情感，孩子就会接收到怎样的价值观。家庭会议说到底，就是让孩子参与进来，感受到被尊重。

除此之外，定期进行家庭会议还能培养孩子的安全感。我们常常会说，要建立孩子的安全感，明明我们很爱他啊，很呵护他，怎么就感觉他安全感不那么足呢？建立安全感，就要让孩子在家庭中刷足存在感。而刷足存在感，就是要让孩子在这个家里更有参与感。

那么，让全家人都有仪式感的家庭会议，有哪些"构件"呢？怎样展开家庭会议呢？以下是几个小技巧。

1. 弄清楚家庭会议的组成

家庭会议主要由以下"构件"组成：

（1）会议主席

这项工作大家可以轮流做，孩子们非常乐意做会议主席，并且在四五岁后就能做得非常出色。会议主席的职责包括召集大家开会、带头致谢、开始解决问题、第一个持发言棒发言，并将话筒传递，以确保每个人都有机会发表意见或提出异议。

（2）秘书

这项工作也是轮流做，只要会写字就有资格。秘书的任务是记录会议讨论的内容和做出的决定。

（3）致谢

每次家庭会议都要以让每个人向每一个家庭成员致谢为开始。

初期可能有些尴尬，要花一段时间讨论并找出能够相互致谢的一些事情来。父母可以以身作则，向每一位家人致谢。如"谢谢我的丈夫，为家庭做的努力，辛苦了""谢谢我的孩子，为我分担了家务，你应该为你自己感到自豪"等。

（4）议程

即会议流程，可以将这一流程贴在冰箱上，以便每个人每周都能将问题写在上面，有助于解决问题。

（5）头脑风暴

头脑风暴意味着面对问题时，需要找到尽可能多的解决办法，任何想法、意见都是被允许的。

（6）解决问题

这是家庭会议中最关键的一环，解决方案需要经过全体的同意。另外解决问题需要符合相关、尊重、合理、有帮助的原则。

（7）计划家庭娱乐活动

这或许是孩子最喜欢的环节，全家人一起做件有趣又开心的事，多么美好。可以是大家一起分享工作、生活中的趣事，也可以是棋牌游戏或者甜点时光。

2. 家庭会议的注意事项

在进行家庭会议时要注意以下事项：

第一，注意你的长期目标，教给孩子有价值的生活技能；

第二，在方便的位置放上一个议程表，家庭成员可以把自己的问题写在上面；

第三，以致谢开始，每个人都要用言语表达对彼此的感谢，营造一种积极的气氛；

第四，在头脑风暴中选择一个解决方案，达成共识，专注实施一周；

第五，把重心放在解决问题上，尝试以合作的方式来解决问题，而不是相互抱怨；

第六，根据孩子的不同年龄，让家庭会议尽量缩短到 15 ~ 30 分钟内，每次都以一个娱乐活动结束会议。

3. 掌握一些通用技巧

除了以上技巧和需要注意的地方，在进行家庭会议时还可以使用以下通用技巧：

可以和孩子约定一些秘密暗号，比如有意或无意地创造专属于家人之间的肢体动作，或者沟通方式；

可以准备一顶特殊的生日帽，无论家里谁过生日，都要戴上这顶生日帽，拉上孩子一起筹备生日会，然后一起吹蜡烛、吃蛋糕，再拍下全家福；

可以给家里准备特殊的相册，里面有孩子和家庭特殊日期的照片，让孩子悄无声息的成长被慢慢记录下来，最关键的是，让孩子和父母一起准备这个相册；

可以在孩子开学第一天和他合影，孩子的成长速度快得惊人，一转眼马上就要离开家，一个人去上大学，不想忘记他的成长变化，就赶快给他拍照留存；

在吃饭、买菜等问题上，都可以征求孩子的意见，家庭会议虽然是一周一次，但"家庭晚餐计划活动"每天都会有。当孩子参与晚餐计划时，他会更愿意吃自己选的菜，餐桌上也会少一些挑食引起的战争；

同样地，刷牙、如厕训练等等，都可以让孩子参与进来，让他选择自己喜欢的牙刷牙膏、小马桶……这样的参与感会在很大程度上提升孩子的参与热情与信心。

职场妈妈该如何兼顾孩子和家庭？

有了豆皮儿后，我的泪点特别低，关于孩子类的电影是看一次哭一次。最近看了电影《找到你》，影片讲述了两个妈妈的故事，其中每个妈妈都面临着不同的选择。

全职妈妈朱敏上庭，因离婚案件争夺孩子的抚养权。姚晨饰演的律政佳人李捷，以其"精神存在问题，可能没有行为能力"驳回了请求。下庭后，朱敏问她，同为女人，同为妈妈，你怎么忍心说出这种话？

李捷的笑中带着轻蔑："法律不会偏袒强者，也不会无故保护弱者，你早在几年前辞职的时候就应该做好心理准备，我和你一样同为母亲，但我又要工作又要照顾孩子，就怕像你一样陷入被动，希望你明白。"

精英律师李捷虽然事业上很成功，但家庭生活却是一团糟。她和丈夫离婚了，正在争夺女儿的抚养权。职场上，她不得不加班、应酬，天天被代驾送回家；生活上，和阿姨一起拉扯着 2 岁的女儿，与强势的婆婆争夺孩子，与毫无主见的丈夫纠缠不清。

豆皮儿妈妈在这两位妈妈身上看到，不论是全职妈妈还是职场妈妈，现代女性的代价越来越大，这不单单意味着生育本能，还有困境。

其实不论妈妈是不是全职，在孩子 0～3 岁这一阶段，尤其需要妈妈的陪伴。心理学家认为，孩子 3 岁前是建立安全感的关键时期，安全感是孩子心理健康的基础。妈妈的陪伴，能让他们对周围的世界充满信任与期待，更容易成长为一个有力量、自信的人。

那么，安全感主要来自哪里？答案是孩子和妈妈之间的亲密关系。孩子只有与妈妈建立良好的安全感后，才能将安全感扩大到环境，成为一个有安全感的孩子。

比尔·盖茨除了是一位成功的企业家以外，还深谙教育之法，他曾说过："教育是伴随终生的事情，而我教育孩子的第一要务是给孩子安全感。"

同时，我们是孩子的天然依恋人，孩子只有对我们建立了依恋关系，才会在心理上对我们产生依赖，这种带有感情色彩的心理依赖关系会使孩子自觉接受抚养人的管教和观念。

对孩子来说，安全感莫过于：我需要你的时候，我可以找到你；我说话的时候，我知道你在听；不管发生什么事，我确定你一直都在。

我始终相信，这个心理依恋人还具有不可替代性。你要管教孩子，先要做的是用满满的爱意陪伴孩子，给他应有的安全感。

世间安得双全法，不负孩子不误工？对于妈妈们，有没有什么方法可以兼顾孩子和家庭？豆皮儿妈妈有如下几个好方法。

1. 找到职业与生活间的平衡点

具体要注意三点：找到不同阶段的重心，明确每个重心的方向，发现不同重心之间的关系。

心理学上关于工作家庭平衡的理论有两个方面，一个是角色理论，一个是边界理论。

角色理论认为，角色是一定社会身份所期待的特定行为方式及其内在的态度和价值观。比如你是"老板"，你是"妈妈"，这就是你的角色期待。而边界理论认为，人是工作和家庭这两个领域的真正纽带，人是边界的跨越者，他们每天不断地在工作和家庭这两个领域里来回穿梭，塑造两个领域和二者之间的边界，以及其中成员的关系。人们塑造各自领域的环境，同时环境也会影响他们。

妈妈们适度跨越边界，可以增进和孩子的相互理解，缓和角色冲突。

2. 留出亲子时光

当孩子们知道自己和家长有特别的专属时间，他们会觉得自己对爸妈来说很重要，爸妈很在意他，这样可以让他找到归属感和价值感。

当因为工作太忙而使孩子得不到足够关注的时候，可以提前安排好时间，保证和孩子约定的"特别时光"。如果因为有急事，不能在"特别时光"陪孩子，我们也要跟孩子说清楚，可以试试这个说法："宝宝，妈妈这次很忙，我把我们约定的'特别时光'改到明天的这个时候，你看好吗？"

如何提高家庭教育的能力

现实生活中，不同家庭的教育水平和教育效果有很大差别。很多父母感到疑惑，自己明明很努力，一心一意为孩子好，怎么孩子就不理解自己的苦心呢？有教育学家曾说过："没有教不好的学生，只有不会教的老师。"

现代父母大都有自己的工作或事业，每天以忙为借口，常常说自己没时间教育孩子。还有的父母凭借自己的兴趣和心情教育孩子，开心时无条件满足孩子的要求，不开心时不由分说拒绝孩子的要求。朋友就常常以这种心态教育孩子。

朋友的女儿小田田是个活泼可爱的小姑娘，今年已经读三年级了，但是最近一段时间，朋友惊恐地发现自己新买的家具被刻上了自己和老公的名字，女儿常常趁着自己不注意指着被刻的地方咒骂。仔细询问后我才得知，小田田读三年级之后，朋友发现同班小朋友纷纷报班学习，就想给小田田报个英语班、数学班，可小田田自己却喜欢美术班，朋友觉得艺术班没什么用，坚决不同意，直接给小田田报了英语班和数学班。

自从上了补课班，小田田不仅学习成绩没有得到提升，脾气也越发不正常，常常瞪着一双眼睛，噘着嘴生闷气。有一次，小田田拒绝上补课班，妈妈苦口婆心无果，生气之下打了她，爸爸还在一旁训斥她不懂事，最终，小田田背起书包，满脸泪水地被妈妈送到了补课班。爸爸妈妈本就忙于工作，懒得理她，直到最近发现家具上的刻字和女儿的反常行为，才意识到问题的严重性。

孩子出现了问题，往往可以在家长身上找到答案，如果家长不懂得科学地爱孩子，不懂得教育，只是一味地从自身角度出发教育孩子，最终只会给孩子带来伤害。

那么作为家长的我们，怎样才能提高家庭教育的能力呢？以下是 3 个小技巧。

1. 以正向教育为主

在教育孩子的过程中无外乎两种手段：一是正向手段：赞美、表扬、鼓励、肯定、欣赏等；二是负向手段：批评、挖苦、指责、惩罚等。在教育孩子的过程中，正向手段要多于80%，负向手段要少于20%。因为正向手段更符合人的天性，而负向手段却可能带来难以估量的后果，不仅可能限制孩子潜能的发挥，还可能伤害孩子的自尊，尤其是当着外人的面实施负向手段时。

如果我们把孩子比作珍珠，那么珍珠上的斑点就相当于孩子身上的缺点。人无完人，每个人都有缺点，孩子也不例外，很多家长在发现孩子身上有缺点时甚至表现出了无法忍受的态度，辱骂孩子傻、笨、没出息，无形中扼杀了孩子的天分，让孩子以为自己真的一无是处。

家长要不断告诉孩子"你能行"，让孩子学会和自己比，比如考试成绩不理想，可以耐心地告诉孩子"只要努力，你下次一定能做得更好"，然后和孩子一起定个小目标，逐步进步，这样孩子就能体会到成功的喜悦。

2. 不包办、不代替

自从家长们定下"望子成龙，望女成凤"的宏大目标之后，孩子们除了学习，其余的事就都由父母包办了。小到洗衣做饭、端茶倒水、刷锅洗碗，大到报考院校、找工作，中国式家长除了是家长，更是孩子的保姆兼司机兼顾问。家长太勤劳，为孩子包办得太多，导致孩子最终一事无成。

我记得我曾在公交车上看到一位年轻的妈妈带着一个七八岁的孩子，孩子坐在座位上，妈妈扶着栏杆，背着孩子的书包，突然，妈妈想起孩子的作业本没带，孩子气急败坏地在妈妈身上打了两下："作业本怎么能忘？老师要是批评我我就怨你！"我看着那位母亲脸上的悔恨，真的很为她和这个孩子的将来担忧。

其实，让孩子独立去做事，不仅能开发孩子的智力，还能培养孩子的责任感，让孩子体会父母的辛劳，懂得换位思考。孩子作为家庭中的一员，既有享受的权利，也要承担责任。小到家务劳动，大到报班、报考，其实都是孩子的分内之事。而他在操作这些事的过程中获得的宝贵体验是什么都代替不了的，也是他健康成长道路上坚固的奠基石。

3. 做学习型家长

父母是孩子的启蒙老师，也是孩子的榜样。父母的言行举止都会深深刻在孩子的心里。父母要言传身教、以身作则，古语有云："其身正，不令而行；其身不正，虽令不从。"可见，自己都做不到的事却去命令别人，对方也不会听从的。

父母的生活习惯，思想意识，作风情操都会对孩子产生深远影响，孩子对家庭成员之间的关系和家庭氛围十分敏感。比如父母经常吃喝玩乐、打牌、沉迷游戏，孩子也会不用功学习；父母经常失信，孩子也会逐渐学会撒谎；父母经常打骂孩子，孩子也会变得暴躁或懦弱。想改变孩子，先改变自己；想培养出优秀的孩子，先学会做一个优秀的家长。

让家庭成为孩子的避风港

　　家应该是孩子最温暖的栖息地，但是很多时候，当家庭"不那么太平""不那么温馨"时，它又成了孩子最惧怕的地方。

　　一天晚上，邻居家传来撕心裂肺的吼叫声、哭闹声、东西砸在地上发出的"砰砰"声以及孩子的哭泣声。

　　邻居家的潇潇和我家豆皮儿一起去幼儿园时，我看着潇潇妈妈深黑的眼眶，又望了望瘦瘦小小的潇潇，不禁在心里叹了口气。

　　晚上放学，豆皮儿到家就拉着我的手说："妈妈，妈妈，潇潇说她很怕她妈妈，想让我问问您可不可以来咱们家生活。"我登时哑然。潇潇家经常发生争吵我是知道的，潇潇那孩子也是沉默寡言。可是别人的家事，我又怎么好强出头？只好让豆皮儿没事约潇潇来家里一起做功课。后来潇潇稚声稚气地问我："阿姨，为什么我的爸爸妈妈总是吵架？我真的很害怕，每次他们在家里摔东西，我都躲在房间里不敢出来。"我爱抚地摸了摸她的头发，孩子很懂事，只是家长不懂事。

父母暴力性争吵或者家暴，在很多家庭中都发生过。在这个过程中，父母互相殴打、辱骂或者摔东西。孩子常年生活在战战兢兢之中，久而久之，会缺乏安全感，给幼小的心灵留下无法愈合的伤口。

父母是孩子的榜样、镜子，父母的一切行为都会在无形之中影响孩子，孩子长期目睹家暴，长大后也可能存在暴力倾向，或者产生离家出走的念头，行为古怪极端。

有的父母在教育孩子的过程中只知"打骂"这种方法，一定要及时纠正自己的教育方式，要知道，谩骂也是家暴的一种。父母经常谩骂孩子也会让孩子感到不安，甚至造成心灵扭曲。还记得《这个杀手不太冷》那部电影吗？女主玛蒂尔达生活在混乱的家庭中，父亲一生气就会打她，玛蒂尔达问里昂："人生总是那么痛苦吗？还是只有小时候是这样？"可见，这种家庭的不稳定性给孩子的内心带来的伤害是巨大的。

那么作为家长，怎么才能让家成为孩子名副其实的避风港，让孩子健康茁壮地成长呢？以下是 3 个小技巧。

1. 保持和谐的家庭关系

一个人的心理发展首先依赖于家庭的发展，家庭氛围和谐，那么孩子的心理就会健康；家庭氛围紧张，孩子的内心就会不安。比如有的家庭中每个人的教育观念不同，也会给孩子造成心理混乱，孩子可能形成"人前一套，背后一套"的作风；有的家庭经常争吵，孩子就会产生恐惧、自卑、冷漠、猜疑等不良情绪，甚至感觉自己被忽视、抛弃，形成自私、狭隘、孤僻的性格，很难获得幸福感。

正确的做法是：夫妻恩爱，保持家庭和谐温馨，让孩子体会到父母的关爱，获得安全感，形成踏实、沉稳、诚实、自信、积极向上的性格，有责任、有担当，充满正能量。

2. 保持家庭的整洁温馨

有些家庭因为父母忙碌或懒惰，室内环境污浊杂乱，很容易让孩子产生烦躁、抑郁的情绪，容易形成懒散、松懈、邋遢的不良习惯。

正确的做法是：保持家庭环境的整洁有序，这对孩子的成长有着潜移默化的影响。窗明几净，归置有序的家庭室内环境可以让孩子产生愉悦的心理，获得良好的秩序感，有利于孩子养成良好的习惯。

3. 给孩子创造安静的学习环境

有的家长喜欢交朋友，一到周末就把朋友约到家里高声畅谈，或者打牌唱歌，嘈杂的环境不利于孩子静心学习。

正确的做法是：尽量在孩子学习时为他提供安静的学习环境，关掉电视机，低声交谈，有助于孩子的静心思考和成绩提升。

注意那些错误的家庭教育方法

近年来，家庭教育逐渐受到越来越多的人的重视，人们逐渐明白，对孩子的教育不仅是学校的事，更是家长的事。但是因为经验和专业理论知识不足，在家庭教育中经常存在各种各样的误区。

闺蜜的女儿果果从小活泼好动，闺蜜从事的是行政工作，而她的老公是一名大学教师，两人对果果有着很高的期望，可他们提出的教育方式却截然不同。闺蜜雷厉风行，提倡"父母专制"教育，而老公却提倡启发式教育。

一天，闺蜜的老公在家里陪果果吃饭，果果却一会儿不吃这个，一会儿不吃那个，还要爸爸喂饭，边吃饭边用小勺戳开饺子皮，把里面的肉疙瘩塞到嘴里，爸爸见状，宠溺地笑了笑。这时，妈妈突然推门进来，看到果果又开始挑食，板着脸训斥道："果果，好好吃饭！"果果赶忙拿起桌上的筷子，自己吃起饭来。闺蜜看了看盘子里的饺子皮，对果果说道："把饺子皮吃了！"老公见闺蜜脸色不善，又见果果噘着小嘴，极不情愿地夹起饺子皮，忙笑着打圆场："行了行了，我吃吧，爸爸吃哦！"果果立刻笑开了花，一下子把饺子皮递到爸爸嘴边。闺蜜忍不住责怪老公："果果都让你惯坏了，我在家她可不挑食！"

其实在现实生活中，类似的家庭教育方式比比皆是，比如父母之间的教育方式不同、年轻父母和爷爷奶奶之间教育方式的不同、父母和老师的教育方式不同等。诸如此类的教育方式，其实都是不利于孩子的健康成长的。那么怎么做才是正确的家庭教育方法呢？以下有 3 个小技巧。

1. 教育孩子时家庭成员要达成一致

案例中的果果其实是知道父母对教育方式的不同看法的，所以她才会有机可乘，拿爸爸当"挡箭牌"，要知道，父母在教育孩子的问题上如果不能相互配合，孩子很容易利用父母之间的矛盾逃避责任，形成"人前一套，背后一套"的作风，这是比较可怕的后果。有的家庭，爷爷奶奶溺爱孩子，或者因为旧思想太多，教孩子撒谎、骂人等，如果家里其他人一味地撒手不管，孩子很容易形成自私自利的性格。

正确的做法是：家庭成员中，如果有人溺爱孩子或过度严厉，一经发现，要及时协商，耐心开导，让对方心悦诚服，随后所有家庭成员就教育孩子这件事达成一致，同心协力把孩子教育好。

2. 和老师的教育同步

在学校，经常听到家长跟老师说"您替我说说孩子吧，我说的话他不听""这孩子在学校里表现优秀，一回到家就任性自私"。可见，很多时候，让家长既高兴又不解的是孩子在学校和家庭有着两种截然不同的表现。有的孩子在家任性调皮、不服管教，到了学校却遵纪守法、勤劳积极；有的孩子在家外向活泼，到了学校却内向低沉……这种现象主要是因为家长和学校的沟通不足，家长和老师不了解孩子在对方环境时的表现。

正确的做法是：主动和老师沟通，了解孩子在学校时的思想、言行、人际关系等各方面表现，把握好孩子在学校的所作所为。一旦发现孩子在学校和家里是两种截然相反的表现，要和老师共同努力进行纠正，分析孩子出现两种不同表现的原因，帮助孩子积极调整心理，最终让孩子的两种不同表现接轨融合。

3. 不问原因冒失地批评孩子

孩子回家晚了，父母常常给他扣上这样的帽子："又去哪儿疯玩了？""又去网吧了？"还没问清原由便开始大吼一通，吼过之后才知道孩子被老师留在学校里补习功课。很多父母在谈起教育孩子时慷慨激昂，但在实际教育自己的孩子时就不知道该怎么办了，家庭教育难其实就难在家长的"霸权主义"，家长不愿意改变自己、对问题认识不到位，又何谈教育孩子？

正确的做法是：父母想要改变孩子的不良行为，自己就要学会改变负面情绪，当亲子沟通不顺畅时，不妨中断交谈，用沉默停止负面情绪，或暂时离开谈话现场，等到孩子冷静下来再继续这个话题。同时，父母冷静处理事情的态度也会对孩子产生积极影响，孩子会在不知不觉中减少不良行为。

不要忽视家庭语言对孩子的影响

电影《脱轨时代》里，一个小朋友问爸爸："爸爸，你和妈妈要离婚多久啊？"孩子是天真的，对于父母关系的认识还处在模棱两可的阶段，同时孩子也是最容易被洗脑的，如果一方抚养孩子，同时在语言上诋毁另一方，那么孩子很可能会在潜意识里恨上另一方。

我记得去年，隔壁搬来了一家四口，一对年轻夫妻，一个孩子，一个婆婆。后来不知什么原因，年轻的夫妻离婚了，开始由婆婆抚养孩子。

有一次，我带着豆皮儿在小区里晒太阳，刚好邻居家的婆婆带着孩子也在晒太阳，她一直在跟孩子说："待会儿那个女人来了，你别理她，她都不要你了，她是个坏女人，是潘金莲。"我很惊讶。果然没过多久，孩子的妈妈来了，孩子的奶奶冷言冷语，孩子的妈妈倒不在意，给孩子买了很多零食。孩子很开心，竟脱口而出："妈妈，你是潘金莲！"女人当时怔在了原地。

我见过很多离异后的家庭，孩子对抚养自己的一方大多能说出几点恩情，但是对离家的一方却充斥着浓重的恨意，这和家长的"教唆"有很大的关系。其实除了这些特殊家庭的孩子承受着家庭语言潜移默化的伤害，普通家庭的某些家庭语言也可能会对孩子的幼小心灵造成危害，比如父母们经常脱口而出的"你怎么这么没出息！""笨死你！这么点儿事都做不好！""白长这么大个儿了，就是个傻大个儿！""你聋了？听见没有？""没见过你这么懒惰的孩子！""你跟你爸一个德性！"以及一些污言秽语。

这些话，有的会让孩子感到不快，有的孩子会通过模仿将污言秽语脱口而出，这些不良的家庭语言会在孩子的潜意识里留下很深的痕迹。你可能以为这些话会让孩子"长记性"，却没想到孩子的心灵因此扭曲，最终成为了被父母咒骂的那种人。

那么作为家长，日常说话尤其是在和孩子说话时应注意哪些方面呢？以下是 3 个小技巧。

1. 禁止在家里说污言秽语

有的家长比较随便，家庭成员之间说话常常污言秽语随口而出，孩子可能觉得好玩便随口学话，在和其他小朋友说话时随口而出，很可能会被老师和其他家长误以为是问题学生，从而被其他小朋友疏远。久而久之，孩子很可能成为被排挤的对象。

正确的做法是：家庭成员在孩子面前以身作则，文明交流，说普通话，不辱骂，不说淫词秽语。

2. 不要在孩子面前说其他家庭成员的坏话

有的家庭成员之间发生矛盾，比如婆媳、夫妻、公婆等，其中一方就会把孩子当成倾诉的对象，在孩子面前故意诋毁另一方，让孩子疏远他，甚至打骂对方。要知道，这种让孩子主动去恨家庭成员的做法非常不利于孩子的心理健康和人格健康的形成。

正确的做法是：家庭成员之间有矛盾，大人的事大人私下解决，不要牵扯到孩子。在孩子面前还是相亲相爱的一家人。尽量体现出和睦，即使孩子对某个家庭成员不满、畏惧、躲避，其他家庭成员也应及时纠正、补救。

3. 禁止对孩子使用语言暴力

孩子的人格、性格各方面还不成熟，身上存在很多缺点，这些都是正常现象。有的家长在孩子犯错之后朝着孩子大吼大叫，甚至诅咒孩子去死，孩子在语言暴力的环境下长大，很容易形成扭曲暴躁型人格或是懦弱胆小型人格。

正确的做法是：在批评教育孩子时，除了要降低声调，还要注意运用正确的语气和措辞，把自己对孩子的期望和要求耐心解释给孩子听。

第七章

我陪着你长大，你陪着我变老

　　我常常在思考，应该把孩子培养成什么样的人，希望他有什么样的性格与习惯。后来我才发现，孩子有自己的天赋所在，为人父母应做好基本的引导，在潜移默化中传递正确的价值观。

　　这一章中，写的是我对日常生活、孩子教育和自我成长的点滴思考。我也是第一次做妈妈，孩子也是第一次成为孩子。育儿路上，我愿意以成长陪伴成长，陪一颗心长大。

孩子被欺负，我该怎么做？

我们都心疼自己的孩子，不愿他受到一点儿委屈。当孩子被打了，我们该怎么办呢，难道要打回去吗？

还在上班的我突然接到电话，电话里嫂子的声音听上去特别焦急："忙吗？陪我去一下辰辰的学校吧，他被打了，听说伤得还有点儿重！是哪家小孩儿不长眼，我要为他出口气！"

我的小侄子辰辰性格温顺，在哥哥嫂子的教育下，为人谦虚谨慎，彬彬有礼。但也有其他的声音说这孩子太老实，怕是上学会受欺负。每到这时，哥嫂只是笑笑。

我听说了这件事后，第一反应是我们担忧的事还是发生了——

孩子不欺负别人并不代表别人不会招惹他。

当我们急匆匆赶到班主任办公室时，两个孩子和打人的孩子的家长都在。一问缘由，原来是孩子们因为课间球场使用问题起了争执。

打他的小孩子叫阿虎，人如其名，长得壮实，而且比辰辰大一年级。只见阿虎脸上白白净净，辰辰不幸挂了彩，脸上脖子上有些许的淤青与血印子。

看到这个场景，嫂子背过身去抹了抹眼泪。回过头来红着眼问班主任和阿虎的家长把孩子打成这样该怎么处理。

阿虎的爸爸默不作声，阿虎的妈妈急于辩护，满脸堆笑："不好意思啊，我家孩子脾气不好，对不起啊。"

嫂子转过头问老师："我家孩子在学校被打伤，学校准备怎么处理？只是让家长赔钱吗？你们怎么管孩子的？以后谁还放心把孩子交给你们，把校长叫来，处理不好我们就要求转学。"

一直不作声的阿虎爸爸，面子上有些挂不住，冲到阿虎面前准备动手，只见阿虎妈妈护在阿虎面前就开始哭，边哭边说："你要打他，就打死我好了，我们就一个孩子。你除了动手，还会什么？"

眼看着两个孩子的矛盾就要上升成一场家庭闹剧。我默默拉了一下嫂子，她没有再说话。

班主任老师有些为难："事情发生在课间，出事后第一时间我就赶到了现场，两个孩子都有动手。建议双方父母私下协商，达成和解。"

嫂子没有说话，瞥了阿虎一眼。阿虎不敢与嫂子对视，默默低下了头。

侄子辰辰全程耷拉着脑袋，仿佛犯错的是他，不是阿虎。

我看着双方家长针锋相对，互不退让，校方老师左右为难，再看看两个孩子，打人的惊慌失措，被打的不知所措，所有人都在这次冲突事件中乱了方寸。

孩子发生冲突打架后，家长到底怎么处理才能让被打的孩子不被"打怕"，仍有勇气面对未来的学习和生活？又怎样才能让打人的孩子真心悔过，告别冲动？

我们的关注点错了，与其关注被打的孩子究竟要不要打回去，怎么处理才更为重要。

家长的处理方式里藏着孩子的未来，打回去不是解决问题的最好办法。

对待孩子被打怎么办，公认的说法是教孩子"打回去"。就连中国公安大学犯罪心理学专家，李玫瑾教授做客 CCTV《开讲啦》节目被问到"如果孩子被打，您支持他打回去吗？"李教授回答道"肯定会啊！"

《未择之路》里，二勇对孩子说："打不打得过是能力问题，打不打是态度问题。态度决定命运，知不知道？"

我并不赞成这种做法，如果凡事靠"打回去""以牙还牙"，那这个社会还需要法律吗？

但是很多妈妈怕孩子受欺负就让孩子还手，打回去的理由很充分："这次不打，以后还会被欺负，欺负别人的孩子也会继续施暴。"

也有妈妈是理性派，认为"被打了不应该打回去，能承受委屈才能成大器"。

打回去与不打回去都不是最好的解决方法，打回去时孩子下手没轻重，屠龙者不应该成为恶龙。

冤冤相报逞一时之快与一味妥协做谦谦君子解决不了任何问题，更别说帮助孩子成长了。

我们让孩子受教育，接触社会，是为了让孩子得到锻炼与成长。什么都用暴力解决，也就失去了教育的意义。

打回去或许是不受欺负的捷径，但一次打赢，次次都能打赢吗？没有人会喜欢强势的刺猬，打回去从来不是解决问题的最好办法。

孩子被打，家长的第一反应很重要。以暴制暴，以牙还牙不仅不能解决实际问题，还会加深孩子对暴力的认可。

孩子处在青春期，处于成长和受教育阶段，同学间发生点儿矛盾是难免的。关键看孩子能不能在事件中有收获，得到成长的经验。

那么当被打了究竟该怎么办呢？下面是几个小技巧。

1. 靠外力协助解决问题

被攻击的孩子向老师或家长寻求帮助，在大人的介入下，打人的孩子会停止攻击。在多方管束下，孩子的暴行会得到收敛。

2. 分清楚打人和校园欺凌

咱们要明确一点，孩子的世界与成年人的世界不一样。对于孩子来说，偶尔发生矛盾与校园欺凌不是一回事。我们要分清这两种情况，然后分别用相应的方法去解决。

3. 给孩子树立好的榜样

孩子会去模仿大人的行为，你的言行里藏着孩子的未来。我们可以配合老师，先处理孩子的情绪，再处理问题，让自己的言行举止成为孩子的一面镜子。

为人父母，引导是要务，我们需要做的是在克制孩子与以暴制暴间寻找平衡点。当动手的孩子与被打的孩子看见大人间理性、冷静、克制地处理问题时，他们也会记下这种理性。在下次遇到同样的问题时，不至于失控。

作为被打的孩子的家长应该第一时间去安抚孩子的情绪，冷静听老师与对方家长讲清事情的前因后果，给他们一个解释的机会，切忌得理不饶人。

而作为打人的孩子的家长，应问清事情缘由并及时向被打孩子的父母道歉，做好表率，有错就要认，不作声或是一味地赔笑解决不了任何问题。

4. 教给孩子解决问题的方法

当孩子被打时，我们可以先问明原因，了解引发冲突的点在哪里，让孩子先明白谁对谁错，而不是贸然让孩子还手。

查明原因以后，才能在息事宁人、要求对方家长道歉、打回去间选择一个合适的解决方案。

什么才是最好的暑假班？

"我月薪 3 万，却撑不起孩子的暑假！""天不怕，地不怕，就怕孩子放暑假。""真不敢相信，孩子的这个暑假竟然花了我 2个月的工资。"……每次到暑假，就到了家长为孩子烧钱的时候。

萱萱妈妈是一位企业高管，暑假期间，萱萱妈妈又是带孩子去美国旅游，又是请保姆，带孩子上乐理、钢琴、芭蕾等培训班。一个月下来，还不算交通出行、餐饮费，3 万的月薪所剩无几。

而萱萱对这件事也表示了抗议，结果萱萱妈妈每次都责备萱萱："你妈小时候没条件才没学，现在我们省吃俭用供你上学上兴趣班，你呢？不长脑子，这么简单的曲子都弹不好。"

带孩子过暑假只是人生长跑中的一个环节，走出几个暑期带娃误区，多几分平和与从容才是正解。

"抢跑"折射的是父母的焦虑。为了不让孩子输在起跑线上，家长抢跑，反映的是父母怕自己输，怕自己的孩子输给同龄人的孩子，怕自己丢了面子。

曾经有人做过比喻，上代人的遗憾需要下代人来弥补，就好比自己不会飞，生了颗蛋让孩子替自己飞。

经济学中有个概念叫作"所买即所得"，这并不适用于教育。家长以金钱的投入来衡量教育的成效，甚至将教育服务购买力等同于对孩子的爱是错误的。

"烧钱经济"不适用于教育，家长在教育上投入多，孩子未必收获大。换言之，教育高投资未必能带来高回报。

教育是极其特殊的，需要校内校外多种配合。教育具有特殊性，每个孩子有自己的天赋与个人选择，孩子适合什么才是最重要的。

不少父母陷入"高投入、高产出"的认识误区，认为教育就是一场金钱上的博弈与豪赌。盲目跟风源于对孩子教育的迷茫。

正是因为并没有真正了解教育的真谛，所以在物质投入过程中寻找获得感，或通过购买教育服务来逃避本该承担的对孩子进行有效陪伴的责任。

这种抢跑劳力劳心更伤害自己与孩子的感情。那么究竟什么才是最好的暑假班呢？下面是为孩子安排暑假班的几个小技巧。

1. 报孩子感兴趣的

兴趣是最好的老师，选择孩子热爱的，孩子才不会抗拒。

很多兴趣班都有试听课，父母可以带孩子试听，去问问孩子的兴趣和对自己的规划。孩子有时候比我们想象的更有主见。

2. 合理安排课程

依照孩子的最终目标来合理安排课程，确定是为了升学应试还是为了兴趣素质提升，同类型的班级不要重复选择。

乐器类的选择一个就好；运动类的结合孩子的兴趣选择；语文培训中，注重输入与输出，阅读和写作不能分家；数学不仅为了应试，更是培养一种思维方式；英语课上，更注重兴趣的引导和使用方式，语法是基础，听说读写全面发展。

3. 给孩子充实的快乐

在忙着报班的同时也不要忘了给孩子足够的爱和陪伴，不妨带孩子去旅游，让孩子暑假过得充实快乐，使学习与成长两不误。

性教育：孩子成长过程中不可或缺的一堂课

这是一堂父母难以启齿的课，也是一堂不得不补上的课……

教师、邻居、亲属……在诸多性侵儿童案例中，"熟人"几乎成为令人心悸的名词。"这是我们之间的秘密"，更是让罪恶隐形的魔咒。

"女童保护"提供的数据显示，在被曝光的性侵儿童案中，熟人犯罪占比高达 80% ~ 90%。

犯罪嫌疑人利用"熟人"身份，接近孩子并获取信任，案件发生后，也更容易通过诱哄、胁迫等方式掩盖犯罪事实。

国内，有 2500 万儿童遭受不同程度的性侵。这 2500 万数字背后，是缺乏性教育的家庭、宝贝们被毁掉的童年、被撕裂的人生。

儿童遭受侵害后，很容易罹患焦虑、抑郁，急性应激障碍或创伤后应激障碍。长期严重、持续、重复的侵害可能会令受害人病情加重，并伴有人格改变。

加拿大学者调查发现，遭受过猥亵、性侵的孩子，成年后婚姻不幸的可能性是其他孩子的 2 倍，极大可能出现焦虑、抑郁，以及反社会行为。

专业的心理学家说，早年的性侵会对女童的成长造成极大的影响，如果长期得不到有效救助，容易罹患严重的心理问题，精神病或人格障碍。

可是，孩子们受到的心理伤害，谁来弥补？

伤害你孩子的人，从来不在乎孩子有多小。然而，很多父母在对孩子的性教育上，有些忽视。他们并没有给孩子灌输性安全的意识。就这样，对性的无知一代代传递了下去。

事实上，我们完全可以帮孩子们减少因性无知而带来的伤害。

性教育从来都不只是知识的灌输，而是日常生活中的言传身教。那么作为家长，我们应该怎么给孩子灌输性教育意识呢？下面是几个小技巧。

1. 灌输基本性知识

3 岁左右到学龄前，孩子会经历一个性蕾期，孩子对于自己的器官会产生好奇，这时可以向孩子普及基本的性知识。

做家长的先不要出现下面这些行为：向别人炫耀或玩弄孩子的隐私部位；给宝宝穿开裆裤，露出生殖器；让宝宝在公共场合随地大小便；在公共场合给孩子换衣服，换纸尿裤。

2. 明确告诉孩子要保护自己

明确告诉孩子，什么是不被允许的行为。身体被遮盖的部位被称为私密部位，被衣物覆盖的地方是不可以给人碰触的，这是底线。

在英国，孩子们在很小时，就被要求背诵《儿童十大宣言》。

这份《宣言》，没有冗长的说教和空洞的口号，而是教孩子们如何保护自己、规避风险。父母们可以把这些小口诀教给孩子。

《宣言》内容如下：

（1）平安成长比成功更重要；

（2）生命第一财产第二；

（3）背心裤衩覆盖的地方不许别人摸；

（4）小秘密要告诉妈妈；

（5）不喝陌生人的饮料，不吃陌生人的糖果；

（6）不与陌生人说话；

（7）遇到危险可以打破玻璃，破坏家具；

（8）遇到危险可以自己先跑；

（9）不保守坏人的秘密；

（10）坏人可以骗。

3. 拒绝看似小事的身体越界伤害

有人要亲吻孩子，可以征询孩子的意见并适当表示拒绝。不要双标，一边说着"孩子你要学会说不"，一边又把孩子刚萌芽的界限感打破，"没关系啊，叔叔阿姨只是亲亲你而已，别害羞"。

这些错误做法，只能造成孩子的界限模糊和混乱。

在幼儿阶段，家长不用说太多，只要让孩子知道，别人摸了他内衣内裤覆盖的地方，他要拒绝并回来告诉爸爸妈妈。在小学阶段，家长要有意识地引导孩子学会正确应对各种情况，教会孩子如何分辨和防范性侵害。

另外，还应该注意到一个问题，让孩子树立性器官不可侵犯的观念。这只有一个办法，就是不停地不断地提醒。教会孩子自我保护，从何时开始都不嫌早！

4.认真对待孩子的反常行为

如果发现孩子有反常行为，耐心问孩子发生了什么，与孩子始终站在一起："我亲爱的宝宝，如果你意外地受到了伤害。那么，你一定要告诉爸爸妈妈，这不是你的错。"

如何改变和孩子间的紧张关系

很多朋友向我吐苦水，说现在的孩子越来越聪明，也越来越叛逆，管起来头疼，你好心跟他讲道理，他非但不听，还顶嘴，嫌你啰唆，到头来把自己气得晕头转向，孩子却坐在电视机前吃起了零食。

教育孩子的确不是一件容易的事，讲究智慧，也考验耐心。我的一位远房亲戚就跟我说过她教育孩子的心酸历史：

亲戚家的小乐乐从 1 周岁就被放到了爷爷奶奶家里抚养，小两口却在市里上班，2 个星期才回家一次。很快，小乐乐长到了 3 岁，小两口为了让他接受更好的教育，直接把他接到了市里读幼儿园。

自从乐乐来到市里，没有一天消停，整日里哭着喊着要奶奶，妈妈过来抱他，他又打又踢，爸爸更是近不了他的身，他甚至常常在学校门口撒泼打滚。一天，爸爸实在受不了小乐乐的哭闹，直接把他提到卧室，照着屁股就是三大巴掌。从那之后，小乐乐只要看到爸爸就躲在妈妈身后，虽然不像之前那样又哭又闹了，却变得沉默寡言，眼神躲躲闪闪的。妈妈见孩子这样有些心疼，想着肯定是被爸爸吓到了，就问他："乐乐，告诉妈妈，想去哪里玩儿，妈妈带你去，给你买好多好吃的。"乐乐顿时两眼冒光，拉着妈妈的手说："妈妈，我要回家，回爷爷奶奶的家。"

　　很多妈妈都有这样的感觉和切身体验：随着孩子一天天长大，孩子会变得越来越难管教。一方面是因为孩子心里有什么话都不愿和妈妈说了；另一方面是当孩子的某些要求得不到满足时，很容易对妈妈产生对立、抵触的情绪。你让他往东，他偏要往西；你让他向南，他偏要向北。尤其是像小乐乐这种从小不在妈妈身边的孩子，回到家更是难以约束。这就是我们通常所说的"逆反心理"。

　　"逆反心理"虽然不一定是坏事，但却让很多妈妈感到困扰。从某种意义上说，逆反心理是人适应外在环境的一种正常心理机能，它标志着一个人从幼稚走向成熟，从依赖走向独立。从家庭教育的角度上说，孩子用反向的态度与行为来对待妈妈的劝导、说教，其实预示着孩子的独立意识的觉醒，以及自我保护的本能或探究未知事物的强烈欲望，这个过程中肯定有能让妈妈感到欣喜的因素。但是不容否认的是，逆反心理其实潜藏着一定的危害性，如果妈妈不能正视、进行积极的疏导和化解，很可能会让孩子变得多疑、偏执，与妈妈、教师感情疏远、关系僵化，甚至朝着犯罪心理与病态心理转化。

那么怎么才能改变和孩子之间的紧张关系呢？以下是 4 个小技巧。

1. 让自己保持头脑冷静

孩子叛逆，妈妈通常会不满，经常会和其他家庭成员一同通过权力压制孩子。其实，此时的妈妈应该提醒自己保持冷静，等孩子冷静之后再与孩子沟通。孩子叛逆时，言语和行为如同暴风骤雨，不懂得控制自己。这个时候妈妈更要保持冷静、理智对待。

2. 平等地和孩子沟通

很多时候，妈妈要站在旁观者的立场分析孩子叛逆的原因。很多妈妈觉得自己是为了孩子好，孩子就该听自己的。但事实上，孩子有自己的思维方式与处理问题的方式，妈妈要懂得放下架子，耐心倾听孩子的想法，从感情和具体事件上和孩子达成一致，做出适当让步。

3. 艺术地批评孩子

大部分妈妈看到孩子犯错误就一味地批评，这样很容易刺伤孩子的自尊心，导致孩子产生逆反心理。如果妈妈换一种方式，先对孩子的优点给予肯定和表扬，再指出孩子身上的不足和错误，孩子的自尊心得到满足，就会更容易接受和改正。

4. 引导孩子理智化

有的问题，如早恋，妈妈要对孩子进行有情、有理、有据的说服和劝导，尊重孩子内心的情感，给孩子独立思考的时间。同时，通过具体的事例改变孩子的理想化思维，通过冷静、理智换取孩子明智的选择。

懂孩子比爱孩子更重要

很多父母在和孩子沟通或教育孩子时都习惯说"你知不知道你犯了××错""你怎么这么不听话""你为什么做××事"，尤其是在孩子犯了错时，父母甚至会大发雷霆，非得对孩子大吼大叫一通或是打孩子一顿才能解气。有的还边打边骂"让你不听话！""你真是给我丢脸！"……

作为父母，抱着"望子成龙，望女成凤"的心态虽然可以理解，但你有没有想过，自己的这种行为被不被孩子理解？孩子是否从你的言语或惩罚中领悟到你对他的期望？很多时候，家长的过激行为只会让孩子误以为你对他的个人行为不满，孩子还小，他根本无法理解究竟怎么做才能进步，家长的言语或行为也没有告诉他怎么才能做得更好。你的行为只会让孩子误以为自己爱玩、调皮就是个坏孩子。同事曾讲述自己教子过程中的苦恼：

儿子小轩刚上小学三年级，却是个十足的调皮鬼，无论在家里还是在学校都十分顽皮。说脏话、乱涂墙壁、打小报告、作弄他人、与父母师长顶嘴……总之，什么捣蛋的事都有他的一份儿，这让同事感到束手无策。她开始喋喋不休地提醒、大喊大叫地命令、温柔地劝导，可是一点儿作用都没有，小轩根本就不理睬她，有时还扮出一副暗自得意的样子。

英国教育家斯宾塞曾说过："对孩子训话意味着你要求他绝对服从，让他像你一样思考问题。和孩子朋友式地交谈，意味着大家一起寻找方法解决问题，重新衡量自己的观点，搞清楚究竟谁的更符合实际。"

父母对孩子的爱是不掺杂任何虚假的，可很多时候，父母在给孩子爱之前，其实更应该懂得倾听和沟通，因为只有这样，你才能真正懂孩子，和孩子做深入交流，找出孩子犯错的真正原因。

其实，每一个孩子都是很明事理的，只要父母善于与孩子沟通，懂得倾听孩子的心声，孩子就会知道父母对自己的爱和尊重。而通过沟通，孩子也会晓得，哪些行为是对的，哪些行为是不可取的。

通过沟通，父母还可以更好地了解孩子的想法和行为动向。

那么父母怎么做才能更好地懂孩子呢？以下是 3 个小技巧。

1. 蹲下来，与孩子平等沟通

交流的过程中，父母最好是蹲下身子，近距离接触，两眼直视孩子的眼睛。听完后直接、果断、清楚地向孩子表达自己的意见或思想，如此他才能按照你的想法去做。当然，语气要坚定，但绝不严格。父母的语气要透露出自己说到做到，并且一定要他照办的坚决。这样，不但可以有效沟通，还可以消磨孩子抗拒或抱怨的情绪。

有个从美国费城考察回来的专家曾感触良深地说："美国的父母不像中国的父母偏向吼骂的教育方式，他们责备孩子时，一定会蹲下来，让自己的眼睛和孩子的眼睛处在同一高度上，然后握住孩子的手，轻声地和孩子说话。他们认为，在蹲下与孩子目光平行的时候，无形中，孩子便会乖乖听话了。"

在过去，孩子放学后，全家人围坐在一起吃晚饭，晚饭过后，还会到院子里乘凉、聊天，热闹非凡。过年过节的时候，全家人欢聚一堂，晚辈向长辈拜年，长辈分发压岁钱，一派其乐融融的景象。但是，如今的情况却大不相同，家长们忙着做自己的事，孩子有着自己的乐趣，亲子关系逐渐淡薄。一方面是文化和社会变迁所致，另一方面和家长缺乏民主态度及与孩子的相处不足有关，为人父母，总是想在各方面给予孩子最好的，却忘了要和孩子同乐。

2. 陪孩子，融洽亲子关系

现在的孩子都学得太累，每天晚上写作业到深夜，周末被各种补习班、兴趣班侵占，小小年纪就顶着巨大的压力。父母忙，孩子也忙，没时间陪孩子，孩子在学习和生活中遇到了困难家长也不管。其实，家长的陪伴比请家教的效果好10倍。有的家长觉得自己文化水平低，孩子学习的内容又太深奥，根本帮不上孩子，其实，家长只要陪着孩子一起学就可以了，家长没必要事无巨细地给孩子讲解。即使自己不懂，也可以读一读要领、例题，引导孩子去思考。

亲子之间造成隔阂还有个原因，就是孩子和父母之间没有共同的兴趣爱好，最终导致孩子不愿进入成人的世界，成人也不能走进孩子的世界的局面。如今，多数家庭的孩子都不愿意和父母相处，如果家庭经常出现争吵，家人就无法开心地相处在一起。可如果父母和子女可以一起玩儿，就能减少彼此间的敌意，达到和谐相处的目的。

无论多忙多累，父母都不该忽视孩子的存在，和孩子交流、玩耍的过程，既能缓解自己的工作压力，又能增进亲子关系，可谓一举两得。

3. 懂倾听，打开孩子的内心世界

很多妈妈常常抱怨"孩子不愿意与我沟通""孩子总是把事情憋在心里"，你是否想过，孩子为什么不愿意和你沟通？孩子的回答是："父母不了解我，他们常常自顾自地讲大道理，从来不听我的想法！""我说什么他们都不认可，我还可以向他们说什么？"

其实，每个孩子都愿意和父母沟通，只是往往被父母有意或无意关闭了沟通之门。很多妈妈都犯了个严重的错误——没有认真对待孩子，没有认真倾听孩子的心声。其实，"倾听"是一种非常好的教育方式，它是开启孩子心灵窗户的"金钥匙"。妈妈千万不能因为孩子小而忽略他们的阐述，不管什么时候，都要和孩子面对面，平等地沟通。孩子有值得称赞的观点，妈妈要表明支持的态度；孩子认识上存在误区，妈妈可以循循善诱地启发开导。就像美国企业家艾柯卡所说的："很多人认为小孩子讲的话都是无稽之谈。然而我认为，如果现在听取孩子所关心的事，将来当他到十几岁后也能分担父母所操心的事。这两点是密切相关的。"

养孩路上，千万别信这个谎言

"买菜用不上数学，但数学能决定你在哪里买菜。"

"别说'学数学连买菜都用不上'，给自己当学渣找借口。"

"世界那么大，你想去看看。分数这么少，哪儿都去不了。"

前段时间，高考百日誓师大会上，河南洛阳市第一高级中学副校长钟保强火了！金句频出引得同学们拍手称赞，称钟校长是"誓师大会段子手"，是"金句王"。

早些年河南女教师的辞职信"世界那么大，我想去看看"入选年度十大网络用语，她把人生过成了诗，给平淡安稳的小日子注入了情怀。

读万卷书，行万里路是每一个人的梦想。世界是很大，也值得我们去看，但前提是我们的能力配得上那些梦想吗？

孩子们，想要仗剑走天涯，首先得看你的剑使不使得好。

中科院曾经做过一份调查，发现资源越匮乏的地方越认同"读书无用"：

农村中间层的人对于"读书无用"认同度在 37.24%；

而村庄贫困层的人对于"读书无用"认同度高达 62.32%；

令研究人员感到吃惊的是：年收入 1 万元以下的村庄贫困层认为读书无用的比例最高。

仿佛"恶性循环"一般，越是处境贫困的人们，越是认为"读书无用"；越是想改变现状的人们，越是往错误的路上越跑越远。

多少寒门学子被"读书无用"害了一生。

殊不知，读书才是改变人生，跳出固有阶层的"捷径"！

以改革开放为背景的电视剧《大江大河》里的宋运辉家境贫寒，上大学的机会渺茫。

他通过背诵上百遍报纸文章，获得接受教育的最后一丝机会。

这迈出去的小小一步，改变了他的一生。

通过读书，他抓住了跳出圈层的机会！

英国有一部纪录片，叫《人生 7 年》。

这部纪录片访问了 12 个来自不同阶层的 7 岁的小孩子，每 7 年做一次回访。实验结果发现，阶层并没有发生变化。

而命运的手掌里会有漏网之鱼。有一个叫尼克的，出自贫穷家庭的小孩儿，通过自己的奋斗，变成了一名大学教授。

相信你自己就是那条"漏网之鱼"，拼尽全力腾空跃起，总能跃过龙门。

中国互联网大咖们的聚会，聚集了清华、人大、交大、武大、厦大的高才生……

京东的刘强东，宿迁高考状元；

美团的王兴，保送进清华；

小米的雷军，2 年修完 4 年本科学分；

还有在饭桌上基本很难遇到的百度的李彦宏，毕业于北大；

巨人史玉柱，毕业于浙江大学。

学历就像是一张车票，它不能决定你的终点，但它决定了你坐什么交通工具。

条条大路通罗马，赶牛车还是坐飞机，成功速度显而易见。

曾听过一则寓言故事：

一棵小树长 1 年，只能用来做篱笆，或当柴烧；10 年的树可以做檩条；20 年的树，可以做梁，可以做柱子，可以做家具……

一个小孩子如果不上学，他7岁就可以放羊，长大了能放一大群羊，但除了放羊，他干不了别的；

如果大学毕业，他就有机会设计高楼大厦，铁路桥梁了；

如果他硕士博士毕业，他就可能发明创造出一些我们原来没有的东西，为社会做出更大的贡献。

学历越高，责任越大，做出的贡献也会更大。

每翻一页，便长一智。

读书让你发现了你的更多可能性：你本可以为世界创造更多价值！

读书，是唯一一个能改变不公命运的机会。但患不读书，不患读书无所用。

不要听信"读书无用"，你所厌恶的今天，是无数人难以到达的明天。

终有一天，你见过的夜晚与黎明，刷过的真题与知识点，流过的泪水与汗水，都会化成命运最美的礼物。

成为合格的父母，陪孩子一起成长

家庭教育是孩子成长过程中的重要环节。但是在当今这个竞争激烈、生活节奏加快的社会里，很多家长对孩子的教育出现了"偏激"行为，早教和过度教育应运而生。有的家长不顾孩子自身特点，强迫孩子报各种补习班，自己却忙着工作和事业，把孩子整日丢给保姆和老师，最终导致孩子的心理发生了不良转变。

其实，对于幼儿来说，最好的教育并不是给他们报名师班，也不是让他们能歌善舞，而是父母陪伴左右。

当然，陪伴并不是单纯地和孩子在一起，而是要参与到孩子的世界里，陪孩子做游戏，给孩子讲故事，带孩子去旅游等，让孩子感受到父母的爱，在潜移默化中健康成长。

所以当孩子需要你的时候，请尽量少点儿借口，其实你并没有忙到一天到晚都没空和孩子聊天的地步；在孩子委屈的时候，及时给个拥抱，安抚一下；当孩子无法入睡时，不要吝啬你的感情，在你看来孩子说的委屈根本不算啥，但是孩子很脆弱，需要父母的关注。做孩子最信赖的好朋友，第一时间发现孩子的担心到底是什么，12岁之前的孩子都有依靠父母的需求，所以尽量不要让孩子长期远离父母。

最近，大学同学小雪跟我抱怨起孩子不听话了：

小雪是一名银行职员，生下儿子小龙之后，小雪为了不影响工作和以后的晋升，就把小龙交到了保姆手中，自己专心上班。小龙3岁时，已经认识100多个汉字了，还学了不少英语单词，起初小雪见儿子学了这么多知识很是开心，但是渐渐地，小雪发现小龙"变了"。他在幼儿园里和保姆面前很乖巧，上课的时候坐得一本正经，不动也不说话，可是只要看到爸爸妈妈，他就会性情大变，撒泼打滚地闹。有时甚至当着爸爸妈妈的面把家里弄得一团糟，调皮捣蛋到让小雪头疼。有一次小雪没忍住打了儿子几巴掌，看着号啕大哭的儿子，小雪只感觉手心发烫，暗暗后悔。

通过小雪的描述，我其实大概知道小龙是因为什么这样了，他应该是太缺少陪伴了，想在父母面前极力表现，吸引父母的注意力，让他们不要冷漠地把自己丢给保姆或者幼儿园。

所以，孩子突然性情大变，或冷漠自闭，或调皮任性，真的是他们不听话了吗？如果家长每天只考虑孩子的吃喝拉撒，却不给孩子陪伴，对孩子的健康成长十分不利。那么遇到这种情况，作为家长的我们应该怎么办呢？以下是 3 个小技巧。

1. 不做低头族，再忙也要抽时间和孩子交流

家长总以为孩子年纪小，什么也不懂，也不会有什么心事。其实，再小的孩子也是有心事的，只是很多时候，没人愿意听他们的心事。现在的家长喜欢回家点外卖、抱手机，孩子刚凑过来，家长便不耐烦地说："乖，妈妈忙，自己去那边玩儿。""乖，爸爸在工作，去找妈妈玩儿。"扪心自问，你真的在忙吗？孩子是能感受到父母的敷衍和冷漠的，很容易变得没有安全感，很可能通过破坏性行为引起父母的关注，比如摔东西、用小刀刻桌椅、故意大哭等。

其实父母的时间并没有那么满当，放下手机，放弃精彩视频和无聊的闲谈，陪孩子聊聊今天发生的事，聊聊他的爱好，陪他

画画儿、写字，他都会很开心，感觉到父母对自己的关心和爱护，也会用同样的心去爱护别人，爱护一草一木，健康成长。

2. 节假日多陪孩子做些亲子活动

冰心曾说："童年是真中的梦，梦中的真。"可见童年是短暂而美好的。很多学校都会组织亲子活动，但也有不少家长借口工作忙不参与，让孩子孤零零地看着其他小朋友和父母一起进行游戏比赛。这些家长对亲子活动不以为然，觉得是在浪费时间，这种想法其实大错特错。

家长和孩子共同参与、相互合作进行的活动有助于增进家长与孩子间的情感交流。进而提升孩子的创造力、想象力、沟通力、表达力、领导力、自我管理能力等，在孩子具有无限可能的心里种下发现的种子。而且父母是孩子的榜样，一言一行影响着孩子的未来，父母多陪伴孩子，可以在潜移默化中影响孩子的言行。

3."家庭会议"要征求孩子的意见

其实，家里的事，父母也可以征求孩子的意见，比如贴什么样的壁纸，买什么样的家具，甚至是给孩子报什么班。耐心询问他喜欢什么，而不是自行给孩子报你喜欢的特长班。给孩子买衣服，也要询问孩子喜欢的样式，逐步培养他的审美能力。不要你给他吃什么他吃什么，给他穿什么他穿什么，让他做什么他做什么，这样孩子会逐渐丧失独立能力。只有切实把孩子当成家庭一员，让孩子感受到平等和尊重，才能消除孩子和家长之间的隔阂。